MW01612082

En voz alta
Antología
de géneros literarios

Mc
Graw
Hill
Education

mheonline.com/Maravillas

Send all inquiries to:
McGraw-Hill Education
2 Penn Plaza
New York, NY 10121

ISBN: 978-0-07-897953-8
MHID: 0-07-897953-6

Printed in the United States of America.

1 2 3 4 5 6 QVS 21 20 19 18 17   A

CONTENIDO

Lecturas en voz alta: componente esencial de la lectoescritura integrada *Kathy Rhea Bumgardner, M. Ed.* vi

Cómo usar esta antología de géneros literarios x

Ficción

Tito busca amigos
Ficción 2

Los primeros pasitos de Pollito Tres
Ficción 6

Reglas para dragones
Ficción 10

¿Qué oye Ema?
Ficción 14

Osi, de aquí para allá
Ficción 18

Los vecinos inseparables
Ficción 22

La huerta inesperada
Ficción realista 26

Las estaciones de Simón
Ficción realista 30

Un refugio divertido
Ficción realista 34

Michi, ¿dónde estás?
Ficción realista 38

El camino a la escuela
Ficción realista 42

Los hermanos mayores
Ficción realista 46

¿Lo ves, Matilda?
Ficción realista 50

¡Mi querida amiga!
Fantasía 54

Ni tanta lluvia, ni tanto sol
Fantasía 58

Un vecindario nuevo
Fantasía 62

Nos vemos en otoño
Fantasía 66

El techo que cambiaba de color
Fantasía 70

Ciudadanos en acción
Fantasía 74

Los habitantes del Gran Encino
Fantasía 78

Poesía

¿Quién viene?
Poesía 82

Mariposa del aire; Las cigarras; La araña; Luciérnagas
Poesía 84

Los niños del mundo
Poesía 86

Canción de las confusiones
Poesía 88

Texto informativo

Los sentidos
Texto informativo 90

Miren y aprendan
Texto informativo 94

Figuras todo el día
Texto informativo 98

Herramientas de trabajo
Texto informativo 102

Lady Bird limpia el país
Texto informativo 106

¡Bomberos al rescate!
Texto informativo 110

Árboles de todo tipo
Texto informativo 114

Un año en la granja
Texto informativo 118

Los animales bebé son parecidos y diferentes
Texto informativo 122

¡Nuestro país celebra!
Texto informativo 126

¡Los dinosaurios son diferentes!
Texto informativo 130

Hecho por la naturaleza
Texto informativo 134

¡Cuidemos el agua!
Texto informativo 138

LECTURAS EN VOZ ALTA: COMPONENTE ESENCIAL DE LA LECTOESCRITURA INTEGRADA

Kathy Rhea Bumgardner, M. Ed.
Consultora de lectoescritura a nivel nacional
Educadora, Strategies Unlimited, Inc., Belmont, Carolina del Norte
Creadora de las nubes de pensar en voz alta y del kit de recursos de lectoescritura para la comprensión
Videos de desarrollo profesional para la práctica adecuada de la enseñanza de la lectoescritura

Introducción

La lectura en voz alta es una práctica didáctica estratégica en la que el maestro dedica un tiempo a leerles a los estudiantes, oralmente y de manera regular, textos escogidos de diversos tipos. Las lecciones son interactivas y facilitan que los estudiantes profundicen su comprensión de los textos mediante preguntas relacionadas.

¿Cuán importante es que los maestros lean a diario en voz alta a sus estudiantes? ¿Por qué aseguramos que, con tanto por abarcar en los salones de clase del siglo XXI, los beneficios de la lectura en voz alta valen el tiempo de enseñanza que se le dedica en clase?

Los libros cumplen una función importante en el desarrollo académico y social de los estudiantes.

Las competencias lingüísticas generales de los estudiantes mejoran al leer libros de calidad, y el proceso de leer, escuchar, preguntar y responder a un texto sienta las bases de un pensamiento reflexivo y crítico (Pressley, 2006). Los niños imitan a sus maestros y se muestran entusiasmados por leer los libros que leen sus maestros (Cunningham, 2005).

La importancia de la lectura en voz alta

La lectura en voz alta debería representar una parte valiosa y planificada de la instrucción de calidad en los salones de clase de hoy en día. Puede resultar una estrategia muy eficaz para incentivar y cultivar a los niños que se inician en la lectoescritura. Tal vez sea esa chispa que encienda en los estudiantes el fuego del amor por la lectura.

En 1985, el informe *Becoming a Nation of Readers* (en español, "Una nación de lectores") de la Comisión de Lectura presentó una idea contundente acerca de la lectura en voz alta (pág. 23). Se afirmaba allí: "La única actividad insoslayable a la hora de promover los conocimientos necesarios para el futuro buen desempeño de los niños en la lectura es leerles en voz alta" (1985).

La lectura en voz alta les da a los niños un acceso a textos más complejos que aquellos a los que acceden al leer por su cuenta, y también los acerca a conceptos más elaborados.

La falta de lecturas en voz alta puede lentificar el proceso de adquisición de vocabulario de los estudiantes; las investigaciones han demostrado que existe una sólida correlación positiva entre las experiencias de lectura en voz alta y el desarrollo de vocabulario (Meehan, 1999; Roberts, 2008; Sénéchal & LeFevre, 2002; Sharif, Ozuah, Dinkevich, & Mulvihill, 2003). La lectura en voz alta bien planificada puede poner a los niños en contacto frecuente con vocabulario académico que probablemente hallen en libros de texto escolares.

Los maestros pueden emplear la lectura en voz alta para profundizar las destrezas de comprensión de sus estudiantes, fomentar su pensamiento crítico mediante el debate y la demostración, y desarrollar los conocimientos generales de sus estudiantes, así como su interés en la literatura de calidad. Durante la lectura, los maestros pueden demostrar la fluidez en la lectura oral y promover estrategias que los estudiantes pueden implementar durante la lectura independiente.

Preparación para una lectura en voz alta eficaz

Elegir textos breves, de calidad y de gran interés es el primer importante paso en una lección de lectura en voz alta interactiva. Estos textos deben ser complejos por su estructura, las normas del lenguaje empleadas, los conocimientos previos requeridos y/o los niveles de sentido. Es fundamental brindar oportunidades de interactuar con textos de diversos tipos.

Es necesario, también, incluir textos informativos de gran interés. Cuando Nell Duke (2000) analizó el uso de textos informativos en 20 salones de clase de primer grado, descubrió que, en promedio, los niños dedican 3.6 minutos al día a los textos informativos; en escuelas urbanas, 1.9 minutos al día. Debido al reciente énfasis en un cambio destinado a aumentar los textos informativos, es importante tener en cuenta que el equilibrio entre los géneros es crucial. El contacto con textos informativos de gran interés, al igual que con narraciones de calidad, le otorga más profundidad a la lectura en voz alta.

ILeysen/Shutterstock.com

Para que la lectura en voz alta resulte eficaz, los maestros deben mantener la calidad en relación con el ritmo, el tono y el ambiente en el momento de la lectura en voz alta, de modo que se establezcan expectativas positivas y se optimice el potencial de aprendizaje. Los maestros deben tener en cuenta que se debe estructurar la lectura en voz alta para fomentar tanto el fortalecimiento de las destrezas como el disfrute (Layne, 2015).

Establecer un escenario para la lectura en voz alta que incluya y modele actividades de pensar en voz alta puede brindarles a los estudiantes un andamiaje crucial. La estrategia de pensar en voz alta permite a los maestros enseñarles explícitamente a los lectores cómo pensar sobre el modo en que construyen el sentido (Beers, 2003).

Las estrategias de pensar en voz alta durante la lectura permiten al lector visibilizar su proceso de reflexión a medida que lee.

Leer en voz alta es un instrumento esencial no solo para motivar a los lectores a disfrutar de la lectura sino también para asistir a los estudiantes en su recorrido académico en preparación para la universidad y la vida profesional.

Un recurso valioso para analizar el género

Realizar lecturas en voz alta es una de las actividades más valiosas que puede hacer un maestro para apoyar a los lectores principiantes en la comprensión de diversos géneros. Los maestros descubrirán que las lecturas en voz alta planificadas son un valioso recurso para ayudar a los estudiantes a conducir su propio trabajo en la lectura de textos de diversos géneros.

Por ejemplo, si los estudiantes están leyendo un texto de ficción, la lectura en voz alta puede demostrarles la importancia de hacer y responder preguntas, con un enfoque específico en los personajes, los ambientes y los sucesos principales de un cuento. El momento de la lectura en voz alta también les brindará a los estudiantes oportunidades de establecer conversaciones colaborativas enriquecedoras con sus compañeros y con los maestros acerca de los elementos del texto, y de profundizar su comprensión.

Con textos informativos, el enfoque debe estar en los datos y detalles clave relacionados con el tema. Entre estos se cuenta la importancia de la elección de palabras y la organización de la información por parte del autor. Mediante las lecturas en voz alta, los estudiantes participarán de manera interactiva y tendrán una guía para prestar atención a esos detalles clave importantes.

Escuchar y leer para descubrir detalles clave en textos de ficción y en textos informativos son dos acciones diferentes. Las lecturas en voz alta le permiten al maestro brindarles a los estudiantes una oportunidad regular y planificada de escuchar y comentar esos detalles clave al tiempo que aprenden, con cada género, a escuchar de manera diferenciada y a profundizar su comprensión de los textos.

Las lecturas en voz alta y las conversaciones de seguimiento les brindan a los maestros la posibilidad de ayudar a los estudiantes a desarrollar conocimientos previos y a conectar conceptos, de modo que todos los niños sean capaces de aclarar su razonamiento durante las conversaciones con sus compañeros y con el maestro (Dorn & Soffos, 2005).

Pasos a seguir:

- Lea con anticipación la selección y vuelva a leerla para determinar las partes del texto que leerá.

- Establezca sus objetivos de lectura y su enfoque.

- Identifique el proceso y la información estratégica (trabajada en el texto).

- Anticipe casos en los que deba añadir información de contexto.

- Destaque puntos donde pausar la lectura para pensar en voz alta y hacer preguntas o establecer conexiones significativas.

- Planifique posibles preguntas para conversar antes de comenzar la lección.

- Practique leer la selección modulando la voz y haciendo gestos.

Referencias

Cunningham, P. (2005). Struggling readers: "If They Don't Read Much, How They Ever Gonna Get Good?". The Reading Teacher 59 (1): 88–90.

Pressley, M. (2006). Reading Instruction That Works: The Case For Balanced Teaching, 3rd ed. New York: Guilford.

Trelease, J., & Trelease, J. (2013) The Read-Aloud Handbook- 7th Ed. New York, NY: Penguin Books.

Richard C. Anderson, Elfrieda H. Hiebert, Judith A. Scott, and Ian A. G. Wilkinson, Becoming a Nation of Readers: The Report of the Commission on Reading, U. S. Department of Education (Champaign-Urbana, IL: Center for the Study of Reading, 1985), p. 23.

Layne, S. (2015) In Defense of Read Aloud-Sustaining Best Practice. Portland, Maine: Stenhouse Publishers.

Beers, K. (2003). When Kids Can't Read, What Teachers Can Do. Portsmouth, NH: Heinemann, p. 101.

Duke, N. K. (2000). 3.6 Minutes Per Day: The Scarcity of Informational Texts in First Grade. Reading Research Quarterly, 35(2), 202–224.

Meehan, M. L. (1999). Evaluation of the Monogalia County Schools Even Start Program Child Vocabulary Outcomes. Charleston, WV: AEL.

Roberts, T. (2008). Home Storybook Reading in Primary or Second Language Preschool Children: Evidence of Equal Effectiveness for Second-Language Vocabulary Acquisition. Reading Research Quarterly, 43(2), 103–130.

Sénéchal, M., & LeFevre, J. A. (2002). Parental Involvement in the Development of Children's Reading Skill: A Five Year Longitudinal Study. Child Development, 73(2), 445–460.

Sharif, I., Ozuah, P. O., Dinkevich, E. I., & Mulvihill, M. (2003). Impact of a Brief Literacy Intervention on Urban Preschoolers. Early Childhood Education Journal, 30(3), 177–180.

Dorn, L., & Soffos, C. (2005). Teaching for Deep Comprehension. Portland, ME: Stenhouse.

CÓMO USAR ESTA ANTOLOGÍA DE GÉNEROS LITERARIOS

Características principales

- Los textos de esta antología presentan interesantes experiencias de lectura en voz alta de diversos géneros.

- Los textos del libro están agrupados por géneros.

- Cada texto contiene entre 2 y 4 imágenes a color que pueden mostrarse durante la lectura.

- Los textos contienen pautas de enseñanza situadas en el punto de la lectura donde deben usarse:

  - Un recuadro de género que se enfoca en un aspecto del género
  - Actividades de pensar en voz alta que muestran cómo aplicar destrezas y estrategias de comprensión en cada texto
  - Preguntas que se enfocan en las características del género
  - Preguntas acerca del texto
  - Palabras de vocabulario oral que se encuentran resaltadas en el texto, con definiciones adecuadas para niños

Sugerencias para usar esta antología de géneros literarios

Elija un texto

Esta antología ha sido pensada para un uso flexible. Los textos están organizados por género, de modo que pueda elegir uno para profundizar el enfoque de un género. También hallará textos que presentan temas específicos, que incorporan destrezas y estrategias o cumplen otros objetivos de enseñanza.

Dé un vistazo preliminar al texto

Leer el texto con anticipación le permitirá anticipar brechas en los conocimientos previos requeridos. Además le servirá para decidir dónde pausar la lectura para destacar una idea y dónde guiar a los niños en sus preguntas, predicciones o reacciones. Es también una buena idea practicar la lectura en voz alta.

Dé un vistazo preliminar a las pautas de enseñanza

Dé un vistazo preliminar a las pautas de los márgenes para tener en cuenta cuándo usarlas.

Lea con expresividad

Module su voz de modo que refleje el tono del texto o las personalidades de los personajes. No lea demasiado rápido. Modifique el ritmo de lectura de modo que pueda hacer una pausa para destacar algo. Dé a los niños tiempo para reflexionar acerca de lo que sucede o lo que podría ocurrir a continuación.

Demuestre su interés

Muestre su propio proceso de lectura, destacando patrones de lenguaje o frases que le hayan gustado, o partes del texto que lo hayan hecho sentir o visualizar algo. Comente sus observaciones usando las palabras de vocabulario.

Anime a los niños a participar

Dé tiempo a los niños para que miren las ilustraciones, hagan comentarios y formulen preguntas. Invítelos a hacer predicciones y a comentar sus ideas acerca de los cambios que experimentan los personajes, o a conversar acerca de la información nueva que se presenta. Anime a los niños a usar las palabras de vocabulario.

Vuelva a leer

Es recomendable volver a leer la selección. Volver a leer brinda una buena oportunidad para enfocarse en la enseñanza, para hacer preguntas de comprensión y para aclarar aspectos del texto que hayan resultado confusos. Es una buena idea volver a leer algunas partes del texto que requieran de mayor atención.

Género

Ficción: Los textos de ficción son cuentos con personajes inventados.

Ficción

¿Cuál es el personaje principal de este cuento?

hallazgo: descubrimiento

Detalles clave

Pensar en voz alta

Cuando leemos, prestamos atención a los detalles para comprender mejor el cuento. En esta parte, Tito encuentra a un conejo muy educado. En la ilustración los dos sonríen. Este detalle me indica que pueden llevarse bien. A medida que avancemos en la lectura, presten atención a los detalles.

Tito busca amigos

Tito era un pajarito que tenía todo lo que se necesita para ser feliz. Tenía todo, salvo por una sola cosa, *unita* solita cosita: los amigos. La solución parecía sencilla: simplemente había que salir a buscarlos. El problema era que Tito no sabía muy bien *qué eran* los amigos.

Entonces se puso a pensar: "un amigo vendría a ser... supongo... ¡ya sé! Alguien como yo. Es decir, alguien que sabe volar. Es decir, otro pajarito".

Contentísimo con su **hallazgo**, Tito salió a buscar amigos.

Primero vio un animal con alas en la cabeza. "Si tiene alas, es un pajarito", pensó.

—Hola, pajarito —saludó—. ¿Quieres ser mi ami...?

—No soy un pajarito. ¡Soy un conejo!

—¿Y por qué tienes alas en la cabeza?

—No son alas. ¡Son orejas!

Después, el conejo, que era muy educado, agregó:

—Disculpa, antes te **interrumpí**. ¿Qué ibas a preguntarme?

—Si querías ser mi amigo. Pero no puedes, porque no sabes volar —contestó Tito.

—No sé volar, pero sé correr.

Y el conejo salió corriendo como corren los conejos: tan rápido que parecen volar.

Después, Tito vio un animal que volaba de rama en rama. "Si vuela, es un pajarito", pensó.

—Hola, pajarito. ¿Quieres ser mi ami...?

—No soy un pajarito. ¡Soy una ardilla!

—¿Y cómo vuelas de rama en rama?

—No vuelo: me impulso con mis piernas y mis brazos.

Después, la ardilla, que era muy educada, agregó:

—Disculpa, antes te interrumpí. ¿Qué ibas a preguntarme?

—Si querías ser mi amiga. Pero no puedes, porque no sabes volar —dijo Tito.

—No sé volar, pero sé saltar entre los árboles.

Y la ardilla se fue, saltando entre los árboles.

interrumpí: hablé mientras otro hablaba

Hacer y responder preguntas

Pensar en voz alta

Cuando leemos, nos hacemos preguntas que nos ayudan a comprender el cuento. Leímos que Tito busca un amigo como él. Me pregunto con quién hablará esta vez. Busco claves en el texto y la ilustración, y descubro que Tito habla con una ardilla.

Después, Tito vio un animal que cruzaba el arroyo volando de piedra en piedra. "Si vuela, es un pajarito", pensó.

—Hola, pajarito. ¿Quieres ser mi ami...?

—No soy un pajarito. ¡Soy una rana!

—¿Y cómo vuelas de piedra en piedra?

—No vuelo: salto con las patas.

Después, la rana, que era educadísima, agregó:

—Disculpa, antes te interrumpí. ¿Qué ibas a preguntarme?

—Si querías ser mi amiga. Pero no puedes, porque no sabes volar —dijo Tito.

—No sé volar, pero sé nadar.

Y la rana se fue nadando como nadan las ranas: con tanta gracia que parecen bailar.

Cansado y triste, Tito se durmió en una rama.

Entonces se levantó un **ventarrón**, ZUUUM, una **ráfaga**, ZUUUM, otra más. Los árboles bailaban, CHIS para aquí, CHAS para allá. El cielo se cubrió de nubes violetas y... CATAPLUM, cayó el aguacero. Todos los animales buscaron refugio.

El conejo fue a su cueva corriendo o, mejor dicho, corrido por el viento. Cuando estaba por entrar, vio a la ardilla, que venía dando volteretas o, mejor dicho, **revoloteada** por el viento. El conejo le hizo señas y, cuando los dos estaban por entrar, vieron a la rana, que venía saltando o, mejor dicho, traída a los saltos por el viento. Cuando los tres estaban por entrar, vieron a Tito, que venía volando o, mejor dicho, volado por el viento.

El conejo, la ardilla y la rana empezaron a hacer todo tipo de piruetas para llamarlo, con manos, brazos, patas, orejas y colas.

Tito vio la escena y por fin entendió: seguramente eso eran los amigos.

Y los cuatro se quedaron en la cueva, contando chistes, poniendo caras cómicas, cantando... en fin, haciendo lo que hacen los amigos mientras esperan que pasen las tormentas.

ventarrón: viento fuerte

ráfaga: golpe de viento

revoloteada: dando vueltas por el aire

Hacer y responder preguntas
Recuerden que pueden hacerse preguntas sobre el cuento para comprender mejor lo que sucede. ¿Qué preguntas tienen acerca de lo que pasa cuando se levanta el ventarrón?

Género

Ficción: Los textos de ficción son cuentos con personajes y sucesos inventados.

Detalles clave

Pensar en voz alta

Cuando leemos, prestamos atención a los detalles clave del texto y las ilustraciones para comprender mejor el cuento. En el texto se dice que la cáscara se quiebra y asoman tres cabezas. En la ilustración vemos tres huevos de los que están saliendo tres pollitos. Esto nos ayuda a comprender que los tres pollitos acaban de nacer.

Ficción

¿Qué pasa después de que la cáscara se quiebra?

zigzag: línea en forma de zetas

embrolladas: enredadas

Los primeros pasitos de Pollito Tres

CRIC-CRAC-CRUC CRÁCATE-CRÁCATE-CRUC

Los huevos se mueven. La cáscara se quiebra.

Un huevo hace **CRACH** y entonces **PLIC**, asoma la primera cabeza. Otro hace **CRACH** y **PLIC**, asoma la segunda. Otro hace **CRACH** y **PLIC**, asoma la tercera.

Los tres pollitos parecen bolas de lana. Mueven las patitas para aprender a caminar.

Pollito Uno camina en zigzag. Pollito Dos camina en círculos. Pollito Tres da unos pasitos y **PLAF**, queda patas para arriba.

PÍO, **PÍO**, **PÍO**. Ahora las bolitas están todas embrolladas. Mamá Gallina las levanta, las acomoda y... vuelta a empezar.

Caminar es difícil. Pero los pollitos quieren aprender, porque pronto Mamá Gallina va a llevarlos de paseo.

Hoy los pollitos salen de paseo. ¡Por fin! Mamá Gallina va delante, muy orgullosa de sus pequeñitos. Los pollitos, en cambio, todavía andan a los tropezones, con pasos cortitos y bastante torpes, pero siempre un poquitín mejores que los del día anterior.

Pollito Uno va primero. Da un pasito después de otro, **TIQUI**, **TIQUI**. Cada tanto picotea cosas ricas, pero no se sale de la fila. Siempre va detrás de Mamá Gallina.

Pollito Dos va segundo. Da un pasito después de otro, **TIQUI**, **TIQUI**. También picotea cosas ricas, pero nunca se sale de la fila. Siempre va detrás de Pollito Uno.

Pollito Tres va tercero. Da un pasito después de otro, **TIQUI**, **TIQUI**. También picotea cosas ricas, pero... ¡el mundo es tan grande y tan lindo! ¡Hay tanto para ver! Pollito Tres SIEMPRE se sale de la fila. Se queda mirando TODO y después corre **TIQUITIQUITIQUITIQUI**, a ponerse de nuevo tras Pollito Dos.

2

Hacer y responder preguntas

Pensar en voz alta

Cuando leemos, podemos hacernos preguntas para comprender mejor el cuento. Aquí leo que Pollito Uno y Pollito Dos nunca se salen de la fila. Me pregunto qué hará Pollito Tres. Sigo leyendo y descubro que siempre se sale de la fila. Me pregunto si siempre podrá encontrar a su mamá y sus hermanos.

Detalles clave

¿Qué hace Pollito Tres cuando pierde de vista al escarabajo? ¿Por qué es este un detalle importante?

Pollito Tres explora **TODO**. Se queda mirando las flores que bailan. Se queda mirando unos gigantes que hacen **MUUUUU**. *Y* después vuelve **TIQUITIQUITIQUITIQUI** a la fila.

De repente ve un escarabajo que pasa a toda prisa. ¿Adónde irá? Pollito Tres lo sigue hasta perderlo de vista. Quiere volver a la fila, pero en el camino ve una montañita de tierra. ¿Qué será? Pollito Tres se acerca. Ve unas hormigas con hojas en la espalda que entran a la montañita por un agujero.

"¡Qué trabajadoras!", piensa. "¡Y ellas también caminan en fila! ¡*Ooooh*, cierto, la fila!" Pollito Tres busca su fila, pero no la encuentra. De repente la ve, en otro sendero.

—¡Allá voy! ¡Esperen!

Pollito Tres corre, **PUF**, **PUF**, **PUF**, y se pone en la fila. Le parece que Pollito Dos está un poco cambiado. Tiene patitas anchas y se balancea mucho al caminar. Pero el mundo es así, mágico y curioso.

4

La fila entra en el estanque. Todos se deslizan por el agua con elegancia. Pollito Tres patalea y **chapotea**, **CHAF**, **CHAF**, **CHAF**, pero no puede flotar. Entonces se hunde, **GLU**, **GLU**, **GLU**. ¡Esta parte del mundo no le gusta nada!

De repente, un pico ancho lo saca del agua. Es Mamá Pata. Pollito Tres ve a los patitos a su alrededor. Ahora entiende todo. ¡Se había equivocado de fila!

Mamá Pata lo lleva hasta la orilla. Ahí lo espera Mamá Gallina, **aleteando** desesperada.

—Gracias, doña Pata, **CO**, **CO**, **CO** —dice Mamá Gallina.

Pollito Tres chorrea agua. Tiene las plumas aplastadas. Más que una bolita de lana, parece un pollito mojado. Bueno, ES un pollito mojado.

Pollito Tres **se acurruca** contra Mamá Gallina. ¡Nunca más se alejará de la fila!

Hacer y responder preguntas

¿Qué preguntas tienen acerca de Pollito Tres y lo que sucede cuando entra en el estanque? ¿Se responden sus preguntas en el texto?

chapotea: golpea el agua

aleteando: moviendo las alas

se acurruca: se encoge

Género

Ficción: Los textos de ficción son cuentos inventados que tienen personajes, ambientes y sucesos.

Reglas para dragones

Ficción

Los textos de ficción tienen un ambiente. ¿Cuál es el ambiente de este cuento? ¿Por qué es importante para el cuento?

chaparrón: lluvia fuerte

Cuando los Sánchez llegaron a su nuevo hogar, Maxi les pidió a sus papás tener una mascota. La casa tenía jardín. Había espacio para perros, gatos, ponis...

La señora Robertson vino a saludarlos. Les contó que vivía al lado y que los vecinos del otro lado eran los Liu, con su hijita Lili. Los Liu estaban en China, pero volverían pronto.

Apenas ella se fue, Maxi volvió a preguntar por su mascota.

—Está bien. Elige una mascota —dijeron mamá y papá.

En ese instante se oyó un trueno y empezó a llover. Papá y mamá corrieron a cerrar las ventanas. Cuando Maxi llegó a su habitación, un extraño visitante se le había adelantado.

—Disculpa que haya entrado por la ventana. Es que iba volando tranquilo y... **¡PATAPÚFETE!** Choqué con un árbol a causa del **chaparrón** y me lastimé un ala. ¿Puedo quedarme unos días?

Maxi estaba **atónito**. ¿Qué animal era ese? Tenía cara de lagarto, escamas de cocodrilo, patas de canguro, cola de serpiente y alas de murciélago.

—Por cierto, soy un dragón —aclaró el visitante al ver la cara de sorpresa de Maxi.

Mamá y papá lo dejaron quedarse hasta que sanara el ala.

—¿No puede ser él mi mascota? —preguntó Maxi—. ¡Es muchas mascotas en una!

—No va a querer —dijo mamá—. Los dragones viven en el cielo.

El dragón miró a Maxi. Mamá tenía razón. ¡Los dragones viven en el cielo! Pero el ala sanó y el dragón no se fue.

—¿Qué necesitaría para ser tu mascota, Maxi? —preguntó, haciéndose el distraído.

—¡Nada! —exclamó Maxi—. Solo portarte bien. Veo que tienes una cola muy larga. Por favor, trata de no romper nada. Y te pondré un nombre. ¿Te gusta Alitas?

—¡Me encanta! —dijo el dragón.

Visualizar

Pensar en voz alta

Visualizar nos sirve para comprender mejor el texto. Primero, pienso en las palabras del autor. Luego, creo una imagen en mi mente. Leo que el animal tenía cara de lagarto, escamas de cocodrilo, patas de canguro, cola de serpiente y alas de murciélago. Cuando lo imagino, comprendo mejor por qué Maxi está sorprendido.

atónito: sorprendido

Detalles clave

Pensar en voz alta

Mientras leemos, es útil prestar atención a los detalles clave del texto y de las ilustraciones. Leo que Maxi le pide a Alitas que no rompa nada con la cola. En la ilustración veo que la cola de Alitas es muy larga. Este es un detalle importante, porque si Alitas no tiene cuidado puede romper algo. Seguiré leyendo para buscar otros detalles clave.

Visualizar

En el texto se dice que Alitas tenía alotas. También sabemos que tiene una cola muy larga. ¿Cómo imaginan los movimientos de Alitas dentro de la casa? ¿Qué ocurre con las cosas a su alrededor?

Pero la cosa no era tan fácil.

En primer lugar, porque Alitas no solo tenía una cola muy larga: Alitas tenía alotas. A cada rato, sin querer, rompía algo de un aletazo. También tenía un lanzallamas en la garganta. Una noche, para calentar el ambiente, lanzó una llamarada que casi incendia la casa. Al otro día, quiso arreglar el **desbarajuste** y fue a atender al cartero. Pero el cartero no lo conocía. No sabía que Alitas era una mascota. ¡Qué susto se dio! Quiso salir corriendo y se enredó con la manguera, que a su vez se desconectó del regador y lanzó un fuerte chorro hacia la puerta... justo cuando mamá la abría para salir. Todo en menos de diez segundos. Y solo porque Alitas quiso ayudar.

A mamá y papá se les acabó la paciencia. Alitas era bueno, pero las mascotas debían cumplir reglas. Maxi tenía que **educar** a su dragón.

desbarajuste: desorden

educar: enseñar

Maxi y Alitas estaban **desolados**. "¿Qué serán las reglas?", pensaba Alitas. "¿Cómo le enseño reglas a un dragón?", pensaba Maxi. En ese momento sonó el timbre. Eran los Liu, que acababan de regresar. Mamá los hizo pasar.

—¡Qué casualidad! —dijo Mamá Liu al ver a Alitas.

—Nosotros en China adoptamos a una dragona. Se llama Chiribín. Al principio era igual que Alitas, pero la educamos en una escuela de dragones —dijo el señor Liu—. Aprendió a no romper cosas con sus alas.

—Y a no echar fuego por la boca dentro de la casa —dijo Lili.

—¡Y a no asustar al cartero! —dijo la señora Liu—. Ahora Chiribín es experta. ¡Ella puede educar a Alitas!

Y así fue que, muy pronto, gracias a Chiribín y a los Liu, Alitas se convirtió en una mascota perfecta.

desolados: muy tristes

Detalles clave
¿Qué reglas aprendió la dragona Chiribín en la escuela? ¿Por qué estos son detalles importantes para comprender el final del cuento?

Ficción

En los textos de ficción hay sucesos que ocurren en orden. ¿Qué es lo primero que ocurre en este cuento?

Detalles clave

Pensar en voz alta

Cuando leemos, es útil prestar atención a los detalles clave del texto y de las ilustraciones. Leo que Ema escribió títulos en sus cuadernos: nombres, colores y lugares de veraneo. En la ilustración veo que su cuaderno tiene muchas hojas. Esto me indica que seguirá coleccionando palabras. Sigamos prestando atención a los detalles clave mientras leemos.

pasatiempo: entretenimiento

constantemente: muy seguido

¿Qué oye Ema?

Ema vive con papá y mamá. Ahora son tres, pero pronto serán cuatro… ¡cuando nazca el hermanito! Para que pase el tiempo, Ema decide tener un **pasatiempo**. ¿Coleccionar algo nuevo? A Ema le gusta juntar cosas, pero su cuarto ya es una colección de colecciones que se desordenan **constantemente**.

De repente, Ema abre los ojos como platos soperos, que es su cara de "¡tengo una idea!". ¿Y si colecciona palabras? Las palabras no se desordenan. "En un cuaderno caben miles", piensa Ema. Entonces, corre a pedir a su mamá un cuaderno. Luego, lo abre en la primera hoja y escribe un título: **NOMBRES**. Ema llena esa hoja con los nombres de todas las personas que conoce.

En la segunda hoja escribe el título **COLORES**. Ema anota *rojo, verde, azul, rosado*… y algunos más. Conoce menos colores que personas. El título de la tercera hoja es **LUGARES DE VERANEO**. Ema escribe *playa* y *granja de la abuela*… ¡Conoce muchos menos lugares que colores! Ema pasa a la cuarta hoja. "¿Y ahora? ¿Qué palabras coleccionaré?", se pregunta Ema.

—*Tuuuí, tuuuí* —canta el pajarito del jardín.

—¿*Tuuuí?* —pregunta Ema—. ¿No será *pío pío?*

—*Tuuuí* —canta el pajarito.

Ema abre la boca como para atrapar un pastel volador, que es su otra cara de "¡tengo una idea!". En la cuarta hoja y en todas las demás, Ema decide coleccionar **SONIDOS**.

—Los sonidos son palabras, ¿verdad, mamá? —pregunta Ema.

—Sí —responde mamá.

A partir de ese día, en cada hoja, Ema escribe diferentes sonidos. Escucha cada uno con atención e inventa la palabra más parecida.

Ema titula una hoja **ANIMALES**, y escribe sonidos como *zzzz* (abejas), *tuuuí* (pajarito), *miau* (gato)…

El título de otra hoja es **MI CASA**, y escribe *ñiiii* (puerta trasera) *plic-plic-plic* (gotera) *BBBB* (aspiradora)…

En la hoja **TIEMPO**, escribe *ffffff* (lluvia); *¡Tacabum!* (trueno).

Visualizar

Pensar en voz alta

Visualizar lo que se cuenta en el texto nos sirve para comprenderlo mejor. Leo que Ema escucha diferentes sonidos, como el canto de un pajarito, la aspiradora en la sala o el ruido de un trueno. Si cierro los ojos puedo imaginar todos estos sonidos. Esto me sirve para comprender el pasatiempo de Ema.

estupefacta: asombrada

diminuto: muy pequeño

atronador: muy ruidoso

Visualizar

Cierren los ojos e imaginen la expresión en el rostro de Ema al ver a su hermanito durmiendo. ¿Cuál creen que es su expresión al oír su llanto de repente? ¿Cómo imaginan que se ve Ema? ¿Y su hermanito?

El pasatiempo funciona: el tiempo pasa como cañita voladora –*FISSSSS*– y el hermanito llega al hogar.

En una hoja nueva, Ema escribe **BEBÉ**.

Allí colecciona los sonidos del bebé (y en unos días, piensa Ema, seguramente palabras). Ema espera y espera. Pero el bebé solo duerme.

Ema vuelve de la escuela… y el bebé duerme.

Ema vuelve de jugar… y el bebé duerme.

Ema espera junto a la cuna… y el bebé duerme.

Hasta que un día, de repente, el bebé hace…

Buuaaaaaaaaaaaaa-a-a-a-a guaaaaaa

Ema queda **estupefacta**. ¿Cómo puede un bebé **diminuto** ser tan **atronador**? El llanto es una sola palabra, pero ocupa toda la hoja. "Yo, de bebé, no armaba tanto escándalo", piensa Ema. "Como mucho, habré hecho *buaaaa-sobi-sobi*."

EEE-maaaaa

Ema sigue esperando otros sonidos... y palabras.

Pero pasan los días y el bebé solo llora. Se despierta y llora. No lo mecen y llora. Moja el pañal y llora.

Mamá y papá le explican que Francisco –así se llama el bebé– es demasiado pequeño para hablar. Pero Ema está segura de que ella, cuando era bebé, no tardó TANTO.

Pasan las semanas y llegan sonidos nuevos: *agogó, babababa, dabadabadú*. Hasta que un día, el bebé dice *mamamama*. ¿Pronto dirá *mamá*?

No.

Un rato después, Francisco dice por fin su primera palabra. Y Ema casi deja caer el cuaderno de la emoción.

Francisco ha dicho *EEEE-maaaaa*. ¡Ha dicho *Ema*! ¡Ema nunca pensó que coleccionaría el sonido de su propio nombre!

Detalles clave
Al final del cuento, el bebé hace un sonido diferente. ¿Por qué es diferente ese sonido? ¿Por qué ese sonido hace que Ema se emocione tanto?

Género

Ficción: Los textos de ficción suelen tener ilustraciones que sirven para contar el cuento.

Ficción

¿Qué muestra la ilustración acerca de Osi y sus amigos? ¿Qué información les sirve para comprender mejor el cuento?

Personaje, ambiente, sucesos

Pensar en voz alta

Cuando leemos un cuento, es útil prestar atención a lo que hacen los personajes. Hasta aquí, sabemos que este cuento trata de una osa llamada Osi. Leo que Osi no ve la hora de salir para la escuela. Más adelante, leo que Osi camina a la escuela con sus amigos Tortugo Hugo y Cocodrilo Camilo. En el camino, los tres amigos se ríen sin parar. Esto me indica que a Osi le gusta a la escuela. Sigamos leyendo para ver qué otras cosas hace Osi.

Osi, de aquí para allá

Osita Osi se levanta temprano y baja a tomar el desayuno. Mamá Osa le sirve pasteles con miel. Osi come rápido. No ve la hora de salir para la escuela.

Después, Osi camina a la escuela con Tortugo Hugo y Cocodrilo Camilo.

—Date prisa, Hugo —dice Osi.

—No puedo —dice Hugo—. Olvidé mi monopatín.

Camilo estira su larga cola y le dice:

—¡Sube, Hugo!

La cola de Camilo es como un monopatín. Los tres amigos se ríen sin parar.

En la escuela aprenden a escribir palabras. Osi escribe *miel*. Camilo escribe *cocodrilo*. Hugo escribe *monopatín*.

Más tarde, Osi y su mamá van al mercado. En el árbol de las abejas, compran un tarro de miel. Osi lo abre para probar. ¡La miel está riquísima!

—Ciérralo, Osi —dice Mamá Osa—. Ahí vienen las moscas.

Osi mira hacia arriba y abre los ojos enormes. Ve un **enjambre** de moscas. Se acercan a toda velocidad. Osi suelta la tapa del tarro y corre. La tapa se aleja rodando. Osi corre a buscarla. Las moscas son como aviones: **planean** y la siguen. Cuando las moscas están a punto de zambullirse en la miel, Osi alcanza la tapa y cierra el tarro. Las moscas hacen una curva y se alejan.

En el árbol de las ardillas, Osi y Mamá Osa compran nueces. Osi vuelve comiendo nueces por el camino. ¡Por suerte las moscas no persiguen nueces!

enjambre: grupo

planean: vuelan

Visualizar

Pensar en voz alta

Cuando leo, trato de visualizar lo que ocurre en el cuento. Para eso, escucho las palabras y me imagino la escena. Osita Osi y su mamá compran miel. Leo que viene un enjambre de moscas. Osi abre grandes los ojos y suelta la tapa del tarro. Si cierro los ojos, imagino a Osi corriendo para atrapar la tapa y para huir de las moscas. La imagino jadeando y muy alborotada.

Visualizar

¿Cómo imaginan que se ven Osi, Ana y Ela después de enredarse y caer en el lago? ¿Cómo imaginan que está el agua? ¿Cómo queda su ropa?

Los viernes Osi va a clase de danzas en el Lago de los Cisnes con Iguana Ana y Jirafa Ela. Osi lleva un **tutú** rosado; Iguana Ana, un tutú verde; y Jirafa Ela, un tutú dorado.

Osi, Ana y Ela se preparan para bailar. Grillo Gregorio tocará el violín. Osi, Ana y Ela curvan los brazos sobre la cabeza. Caminan juntas en puntas de pie y empiezan a girar. Giran y giran con elegancia. Grillo Gregorio **acelera** el ritmo. Osi, Ana y Ela giran cada vez más rápido. De repente, **¡CATAPUMBA-CHÁCATE-PUM!** Osi, Ana y Ela chocan y se enredan. **¡ZAS!** Se caen en el lago. ¡Qué linda está el agua! Osi, Ana y Ela juegan a salpicarse. Después, salen del lago más fresquitas.

—Ahora vamos a bailar otra cosa, Gregorio —dice Osi.

Osi le pasa una lista de ritmos. Gregorio comienza a tocar. Osi, Ana y Ela bailan rumba, merengue y chachachá.

se ensartan: entran

Hoy es sábado. ¡Hay una kermés en el parque! Osita Osi, Tortugo Hugo, Camilo Cocodrilo, Iguana Ana, Jirafa Ela y Grillo Gregorio van juntos.

Camilo quiere competir en una carrera de equipo. El premio es un tarro de miel. Camilo lleva a Hugo en la cola. Empieza la carrera. Camilo y Ela van primeros. ¿Quién ganará? Cuando Camilo y Ela están por llegar a la meta, los pasa el enjambre de moscas. ¡Las moscas ganan el tarro de miel!

Ana y Osi quieren escapar corriendo de las moscas y llegan a otro puesto. Es un puesto para lanzar y meter aros. El premio es un pastel de tres pisos.

Osi lanza un aro, pero el tiro le sale demasiado alto. Los aros vuelan y **se ensartan** en el cuello de Ela.

—Creo que merezco el premio —dice Ela, con los aros en el cuello. Osi y Ela se ríen sin parar.

Ela pide el pastel y lo consigue. Después, todos se sientan a compartir el pastel en el parque. ¡Para Osi, pasear de aquí para allá con sus amigos es lo más divertido!

Personaje, ambiente, sucesos

¿Cómo se siente Osi cuando ve las moscas? ¿Cómo lo saben?¿Cómo se relaciona esto con lo que pasa a continuación?

Género

Ficción: Los textos de ficción son cuentos con sucesos inventados que podrían ocurrir en la vida real.

Hacer y responder preguntas

Pensar en voz alta

Cuando estamos leyendo y no entendemos algo, podemos hacernos preguntas. En el texto se dice que a Alejandro, Julia, Tim y Noelia les dicen "los cuatro inseparables". Me pregunto por qué. ¿Será porque van juntos a la misma escuela? Voy a seguir leyendo para encontrar la respuesta.

Los vecinos inseparables

Alejandro, Julia, Tim y Noelia viven en la misma calle. Alejandro y Julia –o "los *geme*", porque son gemelos– viven con sus padres en una casa vecina a la de Tim.

Tim vive con su mamá y su hermana en una casa vecina a la de Noelia. Y Noelia vive con sus padres y su hermano bebé en la casa de la esquina.

En el vecindario les dicen "los cuatro inseparables", porque van juntos a todas partes.

bulevar: calle con
árboles

El vecindario de los cuatro inseparables es el mejor del
mundo: hay una fábrica de galletas con un aroma delicioso, un
patio de juegos, una biblioteca con narradores de cuentos, y
un parque inmenso con un **bulevar** de arces con ardillas que
juegan a las escondidas...

Y hay vecinos atentos que siempre saludan a los inseparables
cuando los ven pasar camino al parque, junto a un papá o una
mamá, la hermana de Tim o... las tres familias.

Todos saludan a los inseparables: la mujer policía que
dirige la orquesta de carros, la peluquera que les corta el pelo,
el vendedor de periódicos, la señora Morrison y sus perros
caniches, el camarero que atiende las mesas que están en la
acera... en fin, todos.

Ficción
*¿Qué sucesos de este
cuento se parecen a
cosas que pueden pasar
en la vida real?*

señas: gestos que significan algo

hélice: alas de helicóptero

Personajes, ambiente, sucesos

Pensar en voz alta

Pensemos en los personajes, el ambiente y los sucesos de este cuento. Los personajes son Alejandro, Julia, Tim y Noelia. Son vecinos y pasan mucho tiempo juntos. El vecindario es el ambiente del cuento. Un día, van al parque con el papá de Tim. Eso es un suceso. Vamos a seguir leyendo para buscar más sucesos.

Si pasan por ese parque, tal vez los vean charlando en ronda mientras descansan entre juego y juego. Alejandro no oye, pero lee los labios. Habla aunque no pueda escuchar su propia voz, y es experto en lengua de **señas**. Julia también es experta en esa lengua. La aprendió jugando con él, aunque ambos aseguran que se entienden sin hablar. Tim y Noelia no son expertos, pero aprenden señas nuevas todos los días... Es que, estando juntos, los inseparables aprenden cosas todo el tiempo. Por ejemplo, un día, los inseparables fueron al parque con el papá de Tim.

—Hoy hay mucho viento. Les mostraré algo que los sorprenderá —dijo el papá de Tim.

Cuando llegaron al bulevar de arces, un fuerte viento llenó el aire de pequeños objetos alargados, con un extremo redondo y una especie de paleta giratoria. Los *geme* se habían ido a perseguir una ardilla, pero frenaron en seco para mirar esos extraños objetos que volaban a toda velocidad.

—¿Son pelotitas con **hélice**? —preguntó Julia.

—¿Son helicópteros en miniatura? —preguntó Alejandro.

dispersarse: separarse

germinaba: empezaba a crecer

Los geme se miraron y pensaron lo mismo. Hicieron señas para decírselo a Tim y a Noelia. Tim y Noelia no entendieron nada, pero ya preguntarían; a fin de cuentas, era así como aprendían señas nuevas.

—¡Esto era lo que quería mostrarles! —dijo el papá de Tim.

Y les explicó el misterio de los objetos voladores: los frutos del arce tenían esa forma de hélice para llegar más lejos al **dispersarse** con el viento. Si caían en tierra fértil, **germinaba** la semilla que llevaban dentro y nacían nuevos arces.

¿Acaso los gemelos lo sabían? ¿Era eso lo que habían dicho por señas?

—¿Dijeron "sembrar semillas"? —preguntó Tim.

Los gemelos sacudieron la cabeza con su sonrisita misteriosa.

—¿Dijeron "semillas voladoras"? —preguntó Noelia.

Los gemelos volvieron a sacudir la cabeza. Luego se miraron y dijeron con la voz y con las manos:

—¡HELICÓPTEROS PARA MOSQUITOS!

Y así fue cómo Tim y Noelia aprendieron las señas de *helicóptero* y *mosquito*.

¡Estando juntos, los inseparables aprenden cosas todo el tiempo!

Hacer y responder preguntas
¿Qué preguntas tienen acerca de los objetos voladores? ¿La explicación del papá de Tim sirve para responder esas preguntas?

Personajes, ambiente, sucesos
¿Qué personajes enseñan algo? ¿De qué manera enseñan cosas los personajes del cuento?

Género

Ficción realista: Los textos de ficción realista tienen personajes que pueden encontrarse en la vida real.

Ficción realista

¿Qué están haciendo Pedro y Berta en esta imagen? ¿Se comportan como niños reales?

rastro: huella

Personaje, ambiente, sucesos

Pensar en voz alta

Cuando leemos un cuento, podemos pensar en lo que los personajes hacen y dicen. Esto nos ayuda a comprenderlo mejor. Leo que Berta propone jugar a Hansel y Gretel. Esto me hace pensar que tiene mucha imaginación. Mientras lea, voy a prestar atención a lo que los personajes hacen y dicen para saber cómo son.

La huerta inesperada

La primavera pasada, Pedro y Berta leyeron el cuento de Hansel y Gretel.

¿Recuerdan a Hansel y Gretel? Aquellos famosos hermanitos fueron solos al bosque y, para no perderse, dejaron un **rastro** de semillas. Pero un pajarito se comió las semillas, y los hermanitos se perdieron. Después de muchas pruebas y aventuras, los hermanitos lograron regresar a su casa. ¡Y el cuento tuvo un final feliz! En fin, como les contaba, Pedro y Berta leyeron ese cuento la primavera pasada. Y al día siguiente, después del almuerzo, Berta dijo:

—Oye, Pedro. ¿Jugamos a Hansel y Gretel? Guardé semillas de la calabaza que acabamos de comer.

Pedro aceptó, y los dos hermanos fueron a jugar al fondo del jardín.

—Vamos a echar semillas en el sendero que lleva a la **arboleda** —dijo Pedro.

—¡Qué buena idea! —exclamó Berta—. Hagamos de cuenta que la arboleda es el bosque, y el sendero, un **claro** del bosque.

Pedro y Berta arrojaron las semillas en el sendero, pero nunca llegaron a la arboleda.

Un trueno retumbó en todo el cielo… y mamá los llamó para que entraran a la casa.

Esa noche llovió sin parar. La abundante lluvia formó un barro espeso en el sendero del fondo.

Al día siguiente, Pedro y Berta no encontraron las semillas. ¿Se las habría comido un pajarito, como en el cuento de Hansel y Gretel? ¡Seguramente!

Durante las semanas siguientes, la tierra del sendero recibió los rayos del sol y **absorbió** el agua de la lluvia.

Y cuando llegó el verano… aparecieron unos tiernos brotes verdes.

—¿Qué serán esas plantitas? —preguntó Pedro.

—No sé, pero vamos a regarlas —respondió Berta—. Las plantas crecen mejor si las cuidamos.

arboleda: grupo de árboles

claro: espacio sin árboles

absorbió: chupó

Volver a leer

Pensar en voz alta

Cuando no comprendemos algo de un cuento, podemos volver a leer la parte anterior para ver si hay algo que pasamos por alto. Aquí dice que Pedro y Berta van a regar las plantas, pero no sé cuáles son esas plantas. Cuando vuelvo a leer, recuerdo que se refiere a los brotes de las semillas de calabaza. Esas son las plantas que van a regar.

Pedro y Berta iban todos los días a cuidar las misteriosas plantitas. Las regaban cuando no llovía, para mantener la tierra húmeda.

Primero crecieron unas hojas redondas. Después salieron flores amarillas.

—Algunas flores se abren, pero otras quedan cerradas —observó Berta.

—Es como si se quisieran quedar acurrucaditas, durmiendo en la planta —comentó Pedro.

—¡Como tú cuando no quieres levantarte! —se rio Berta.

Pero Pedro se quedó pensando.

—¿Y si no son flores, sino frutos? —observó.

—¡Qué enredo! —exclamó Berta.

Aquellos **capullos** cerrados crecieron poco a poco. Se volvieron panzones y anaranjados, cada vez más panzones y anaranjados.

Hasta que un día, Pedro y Berta gritaron…

Volver a leer

A veces, volver a leer el texto puede ayudarnos a comprender las imágenes. Miren esta ilustración y escuchen el cuento. ¿Por qué los niños miran las plantas?

capullos: flores que todavía no se abrieron

—¡Son calabazas!

—Entonces, ningún pajarito se comió las semillas —dijo Pedro—. La tormenta las cubrió de barro....

—Sí —continuó Berta—. El sol y la lluvia las hicieron brotar. Nosotros las regamos y las ayudamos a florecer...

—¡Y las semillas dieron fruto! —exclamaron los dos a la vez.

Cuando maduró la primera calabaza, Pedro y Berta sorprendieron a sus padres. Les contaron la historia de las semillas. Y les mostraron su huerta inesperada.

Desde entonces, Pedro y Berta han sembrado en su huerta toda clase de vegetales.

Dicen que Hansel y Gretel también descubrieron una huerta inesperada al regresar a su casa. Pero un narrador distraído, hace mucho tiempo, olvidó contar esa parte. ¿Quiénes lo dicen? ¡Pues Pedro y Berta, por supuesto!

Volver a leer
¿Qué pasa al final del cuento? ¿Por qué los niños creen que al cuento de Hansel y Gretel le falta una parte?

Trama: secuencia

Pensar en voz alta

Cuando leemos, podemos prestar atención a la secuencia, es decir, el orden en que ocurren los sucesos. Palabras como "ahora" y "hasta que" nos indican el orden de los sucesos. Leo que Simón se divertía en la piscina hasta que terminó el verano. Luego, en el texto se dice: "¿Cómo iba a divertirse en otoño?". Estas palabras me ayudan a comprender el orden de los sucesos. Primero se cuenta lo que hace Simón en verano. Luego se cuenta lo que hace en otoño.

enfurruñado: malhumorado

almacenando: guardando

Las estaciones de Simón

El verano pasado, Simón y su familia se mudaron a Estados Unidos. En el jardín de la casa nueva, mamá y papá armaron una pequeña piscina inflable. Fue bastante divertido... hasta que terminó el verano. La brisa ya no era tan cálida. Los árboles perdían las hojas. Ya no había piscina en el jardín. Simón estaba **enfurruñado**. ¿Cómo iba a divertirse en otoño?

—Podemos salir a pasear —dijo mamá.

—¿Y qué haremos, si no hay piscina? —protestó Simón.

—No hay piscina, pero hay ardillas —respondió mamá—. Andan de aquí para allá, **almacenando** bellotas para el invierno. ¿Quieres ir a verlas?

—¡Sí, quiero ver ardillas! —exclamó Simón, entusiasmado.

Mamá, papá y Simón fueron al parque. ¡Había ardillas por todas partes! Correteaban de aquí para allá. Ahora, a Simón le encantaba el otoño. ¡Ojalá no terminara jamás!

2

Pero el otoño terminó. El viento soplaba como si estuviera ofendido. Las ardillas casi habían desaparecido. Simón estaba enfurruñado. ¿Cómo iba a divertirse en invierno?

—Podemos salir a jugar —propuso papá.

—¿Y con qué, si ya no hay ardillas? —protestó Simón.

—Pero pronto habrá nieve —dijo papá—. ¿Quieres conocer la nieve?

—¡Sí, quiero conocer la nieve ya mismo! —exclamó Simón, saltando de impaciencia.

Cuando cayó la primera nevada, Simón no se despegó de la ventana. Los copos de nieve eran silenciosos y **frágiles** como algodón de azúcar.

Después, Simón salió a tocar la nieve por primera vez. ¡Qué emoción! Construyó un muñeco blanco con papá y mamá. Jugó a las batallas de bolas con sus vecinitos... Ahora, a Simón le encantaba el invierno. ¡Ojalá no terminara jamás!

frágiles: fáciles de romper

Ficción realista

¿De qué hablan papá y Simón en esta parte del cuento? ¿Por qué lo que dicen es importante para el cuento?

Visualizar

Pensar en voz alta

Podemos visualizar lo que leemos en un cuento, es decir, formar una imagen mental de lo que se cuenta. En este cuento se dice que los copos de nieve eran silenciosos y frágiles como algodón de azúcar. Puedo visualizar la nevada que ve Simón a través de la ventana, con los copos de nieve cayendo lentamente.

Pero el invierno terminó. Los muñecos desaparecieron entre lágrimas de nieve derretida. Las batallas se interrumpieron por falta de municiones. Simón estaba enfurruñado. ¿Cómo iba a divertirse en primavera?

—En primavera, ocurren cosas increíbles —dijo mamá.

—¿Qué cosas, si no hay ardillas ni nieve? —protestó Simón.

—Pero hay mariposas —respondió mamá—. ¡**Bandadas** de mariposas que hacen un **alto** en su largo viaje hacia tierras menos cálidas! ¿Quieres ir a verlas?

—¡Sí, quiero ver mariposas, muchas mariposas! —exclamó Simón, saltando de alegría.

Mamá, papá y Simón fueron a un parque que olía a madera y a jazmines. De lejos, los troncos de los árboles parecían anaranjados. Pero de cerca, el color anaranjado aleteaba como un cielo cubierto de cometas. ¡Eran las alas de las mariposas, miles de mariposas! Ahora, a Simón le encantaba la primavera. ¡Ojalá no terminara jamás!

bandada: grupo de animales

alto: descanso

Trama: secuencia
¿Cómo se divirtió Simón una vez que terminó el invierno?

Pero la primavera terminó. Las mariposas siguieron su largo viaje. Ahora, Simón... está un poco enfurruñado. Después de las ardillas, la nieve y las mariposas, la piscina inflable no lo entusiasma tanto.

—Este año, iremos a una piscina un poquitín más grande —promete papá.

El viaje es largo. Simón siente mucha curiosidad, pero se duerme. Cuando despierta, oye un ruido nuevo. ¿Son leones que rugen a lo lejos? El carro se para a un lado del camino. Simón se asoma. Esa piscina azul no es un poquitín más grande que la inflable. ¡Es inmensa! Y tampoco es una simple piscina. Esa piscina azul, inmensa, es... ¡el mar!

Simón mete los pies en el agua marina por primera vez. ¡Qué verano emocionante! No durará para siempre, pero después vendrán las ardillas, la nieve, las mariposas...

Ahora, a Simón le gustan todas las estaciones.

Visualizar

¿Pueden visualizar a Simón al final del cuento? ¿Cómo creen que está Simón? ¿Qué detalles del cuento los ayudan a visualizar?

Género

Ficción realista: En los cuentos de ficción realista, los personajes se comportan como las personas reales.

Trama: secuencia

Pensar en voz alta

Al leer, presto atención a la secuencia de sucesos, es decir, a lo que pasa primero, después y al final. Lo primero que pasa en este cuento es que hay una tormenta eléctrica y Laura, Daniel y Leila no pueden ir al parque de atracciones. Veamos qué pasa a continuación.

rezongaron: protestaron

Un refugio divertido

TRACATRABUUUUM

—Oh —dijo Laura—. El señor trueno fue muy claro. Ha dicho: "Niños, hoy no habrá parque de atracciones".

—¿Por qué? —preguntó Daniel.

—Porque es una tormenta eléctrica. Es peligroso salir.

—¿Pueden caer rayos? —preguntó Leila.

—Sí —respondió Laura—. Además, el parque estará cerrado.

TRACATRATRACATRABUUUUMBUUUUMBUUUM

—No se asusten —dijo Laura—. Adentro de casa estaremos a salvo. En vez de ir al parque, buscaremos cosas para hacer en casa. Y cuando el tiempo mejore, podremos salir.

—Ufa —**rezongaron** Daniel y Leila.

—Entonces, voy a ver una película—dijo Daniel, mientras encendía el televisor.

—Y yo voy a conducir mi Fórmula Uno —dijo Leila, mientras encendía la plataforma de juegos.

Pero…

PAF. PUF.

Los aparatos y las luces se apagaron de repente. Afuera comenzaba a oscurecer. El breve día invernal llegaba a su fin.

Mientras Laura y papá encendían velas, mamá llamó a la compañía eléctrica.

—El corte durará toda la noche, señora —le informaron por teléfono—. La central de su vecindario se dañó con un rayo.

—¡Oh, no! ¿Y ahora, a qué jugamos? —preguntó Leila, **desconsolada**.

—Podemos dar un paseíto por el pasado —dijo papá—. Recordar los juegos de **antaño**. Por ejemplo, podemos jugar…

—¡A las sombras chinas! —agregó mamá.

Ficción realista:

¿Qué hacen los niños del cuento que también hacen los niños en la vida real?

Visualizar

Pensar en voz alta

Intentemos visualizar lo que pasa en esta parte del cuento. Cerremos los ojos y tratemos de crear una imagen en la mente. Afuera llueve y se escuchan fuertes truenos. En la casa no hay luces porque hubo un apagón, pero Laura y papá encendieron velas. Imagino que la luz es muy tenue, porque afuera está empezando a oscurecer. Sigamos leyendo para visualizar otras partes del cuento.

desconsolada: muy triste

antaño: de antes

Daniel y Leila se miraron, arrugando la frente. No parecían muy entusiasmados con la idea.

Mamá colocó las manos frente a una vela. Movió los dedos e hizo un gesto con la cabeza en dirección a la pared.

—Miren —ordenó.

—¡Es una ardilla! —gritó Leila.

—¡Y mueve la boca! —exclamó Daniel.

Papá colocó las manos frente a otra vela y dijo, con voz **gutural**:

—¿Dónde está esa ardilla? ¡Aquí viene el perro!

—¡Corre, ardilla, corre! —gritaron Leila y Daniel, entre risas.

Llovió toda la tarde. A la noche, la familia cenó a la luz de las velas, y siguió lloviendo.

Después, papá invitó a hacer otro juego del pasado:

—Vamos a ver quién narra el mejor cuento de hadas. Mejor dicho, quién sabe *narrar mejor* un cuento de hadas. Porque un cuento de hadas solo es bueno si está bien narrado.

Todos los cuentos fueron buenos. Y los ruidos de la tormenta los hacían aún más emocionantes. Pero la mejor narradora fue Laura. Su cuento era sencillo:

gutural: grave

Trama: secuencia
¿Con qué se entretiene la familia por la tarde? ¿Qué hacen después?

4

fracasaron: no lograron su objetivo

Había una princesa atrapada en un castillo. El príncipe que lograra rescatarla se casaría con ella. Los dos primeros candidatos fracasaron. ¡Es que las pruebas que tenían que superar eran terribles! Pero el tercero fue el más valiente: rescató a la princesa y se casó con ella. El príncipe y la princesa fueron felices, comieron perdices y… un día la princesa le dijo al príncipe: "Voy a contarte la verdad sobre aquel castillo. En realidad, tú no me rescataste, sino que yo te elegí. Las pruebas que los candidatos tuvieron que superar no eran de verdad: eran sombras chinas que hacía yo sobre la pared. Los primeros candidatos no me gustaron. Por eso los asusté hasta que se fueron. Pero cuando tú llegaste, yo me enamoré… y te dejé ganar.

Disculpen si el cuento no tiene mucha gracia. Es que yo no soy tan bueno como Laura para narrar cuentos de hadas. Pero mejor volvamos a nuestro cuento.

—Ya es hora de ir a la cama —dijo mamá cuando terminó la competencia—. Mañana, cuando despierten, saldrá el sol, y estaremos de nuevo en el tiempo presente.

Daniel y Leila se miraron. Tenían ganas de volver al presente, de ir al parque de atracciones, pero el paseo por el pasado durante la tormenta… ¡no había estado nada mal!

Visualizar

Laura cuenta un cuento entretenido. La luz es tenue y afuera se oyen aún los ruidos de la tormenta. Cierren los ojos. ¿Qué expresión imaginan que tienen los otros miembros de la familia?

Michi, ¿dónde estás?

Hacer, confirmar y revisar predicciones

Pensar en voz alta

Recuerden que podemos hacer predicciones acerca de lo que creemos que ocurrirá en el cuento. Aquí leo que Alina encontró una gata y quiere quedársela. Pienso que podrá quedarse con la gata. Sigamos leyendo para ver si la predicción es correcta.

Ficción realista

¿Qué dice aquí Rosa? ¿Por qué es importante para el cuento?

susurrando: hablando bajito

felino: relacionado con los gatos

—¡Mamá! ¡Papá! —gritó Alina—. ¡Hay una gata en el jardín!

Era una gata adulta, completamente negra. Alina se agachó **susurrando** "Michi... Michi...", y la gatita poco a poco fue entrando en la casa. Se acercó a Alina y le olió los dedos, como hacen los gatos cuando tienen hambre. Mamá le puso atún en un platito. Papá le sirvió agua. Después, Alina, su papá y su mamá salieron a preguntar, casa por casa, si alguien había perdido una gata negra. El último timbre que tocaron fue el de Rosa, una señora que tenía muchos gatos.

—No es mía —respondió Rosa—. Pero... ¿ya saben qué van a hacer con ella?

—¿Puedo quedármela, mamá? —preguntó Alina, antes de que su madre pudiera responder.

Rosa sonrió. Desapareció unos instantes y regresó con una caja para transportar gatos al veterinario y una bolsa de piedras secas para hacer un baño **felino**.

—Estas cosas me sobran... ¡y ustedes van a necesitarlas!

Apenas llegó a casa, Alina corrió a la cocina, y de allí al jardín. La gata no había dejado ni una **pizca** de atún en el plato... pero también se había ido sin dejar rastros. Alina y sus papás la buscaron por todo el jardín, pero no la hallaron.

—Michi, ¿dónde estás? —llamó Alina.

—No te preocupes —dijo papá—. Seguramente ha regresado a su hogar.

Pero Alina estaba convencida de que la gata no tenía hogar. Si lo tuviera, no pediría comida.

A su papá se le ocurrió un plan: dejarle una deliciosa trampa de atún. Decidieron hacerlo muy temprano por la mañana, cuando todavía estuviera oscuro, para que Michi no se asustara.

Papá preparó el despertador. La alarma sonó a las cinco de la mañana, poco antes del amanecer. Papá y Alina bajaron a la cocina. Papá llenó un platito con atún y abrió la puerta trasera.

Trama: problema y solución

Pensar en voz alta

En muchos cuentos, los personajes tienen un problema y necesitan solucionarlo. Mientras leo, pienso en el problema que se presenta en el cuento. En este caso, leo que Alina encontró una gata y quiere quedársela, pero cuando vuelve a su casa la gata no está. Creo que este es el problema del cuento. Sigamos leyendo para ver cómo lo resuelve Alina.

pizca: poquito

—Michi, ¿dónde estás? —llamó suavemente Alina.

Unos segundos después se oyó *miaaaau*...

Alina abrió bien los ojos, tratando de ver algo. Pero el jardín estaba muy oscuro. De repente, una mancha negra se movió en medio de la **penumbra** y entró corriendo a la cocina: era la gata.

Papá y Alina corrieron a contarle la noticia a mamá.

—¡Ha regresado! ¡Ven a ver! —gritó Alina desde el pie de la escalera.

Pero cuando volvieron a la cocina con mamá, la gata ya no estaba.

Afuera ya había amanecido. Buscaron por todo el jardín... pero la gata había desaparecido otra vez, sin dejar otro rastro que el platito vacío.

Papá y Alina **elaboraron** un nuevo plan.

Al día siguiente, bajaron al amanecer. Cada uno llevaba una linterna. También se habían puesto ropa abrigada y zapatos, por si acaso tuvieran que salir al jardín.

Papá llenó el platito con atún y Alina llamó a la gata.

—Michi, ¿dónde estás?

Cuando la gata apareció en la cocina, Alina y papá se escondieron tras un mueble. La gata terminó de comer y salió. Ya estaba saliendo el sol. Sin hacer ruido, siguieron a la gatita y la vieron desaparecer bajo una roca, en el fondo del jardín.

Al mirar bajo la roca, descubrieron un gran agujero escondido entre el pasto. Parecía una vieja madriguera de conejo. Desde el fondo llegaban unos maullidos muy débiles.

Alina iluminó con su linterna la oscura madriguera… y resolvió el misterio: allí estaba la gata negra, dándoles de comer a cinco gatitos bebé.

La gata y los gatitos se acostumbraron enseguida a su nuevo hogar: la casa de Alina, una casa muy orgullosa de sus seis mascotas nuevas.

Trama: problema y solución

¿Cuál era el problema de Alina al principio del cuento? ¿Cómo lo solucionó?

Género

Ficción realista: En los cuentos de ficción realista, los personajes sienten emociones como las personas reales.

Personaje, ambiente, trama

Pensar en voz alta

Durante la lectura, es útil pensar en los personajes, los ambientes y la trama. En este cuento hay varios personajes. Pablo y Malena son hermanos. Viven en lo alto de un cerro, en un sitio muy alejado de la escuela y la ciudad. Sigamos leyendo para ver qué sucede con Pablo y Malena y los otros personajes del cuento.

aminorar: hacer más lento

El camino a la escuela

Pablo y Malena viven en lo alto del cerro, lejos de las carreteras. Por eso van a la escuela en burrito. Salen con su mamá a las siete, porque el viaje dura una hora y la campana suena a las ocho. Cuando llueve, el viaje dura casi el doble, porque los burritos tienen que andar con cuidado por los senderos embarrados.

Elisa va a la escuela en la camioneta de su mamá. Sale alrededor de las siete y media porque el viaje dura media hora. Cuando llueve, el viaje dura casi el doble, porque la camioneta tiene que **aminorar** la marcha en la carretera resbaladiza.

Dante va a la escuela a pie, porque vive cerquita. Sale a las ocho menos cuarto y tarda menos de quince minutos en llegar. Cuando llueve, tarda casi el doble, porque tiene que saltar sobre el barro y los charcos que se forman en el camino de tierra.

Hoy el cielo amaneció despejado, aunque unas nubes negras cubrían el horizonte. Las aves cantaban poco y volaban menos, como si sintieran que **se avecinaba** una tormenta. Sin embargo, el sol ya había salido por detrás de las nubes e iluminaba el resto del cielo, que se veía maravillosamente azul. Todo indicaba que la tormenta no llegaría hasta la noche.

A las siete en punto, Pablo y Malena salieron de su casa llenos de entusiasmo. ¡Les encantaba ir a la escuela! Sus burritos comenzaron a bajar por los caminos **pedregosos**.

A esa misma hora, Elisa terminaba de vestirse para ir a desayunar.

A esa misma hora, Dante todavía seguía perezosamente en la cama, mientras la mamá abría las cortinas para despertarlo.

A las siete y media, Pablo y Malena llegaron al arroyo, a mitad de camino. Como todos los días, **se apearon** un rato para que los burritos bebieran agua. A esa misma hora, Elisa subía a la camioneta de su mamá. A esa misma hora, Dante se sentaba a desayunar.

A las ocho menos cuarto, Pablo y Malena seguían bajando por el cerro en sus burritos, a quince minutos de la escuela, acompañados por su mamá. Elisa seguía su viaje en la camioneta que manejaba su mamá, también a quince minutos de la escuela. Dante salía de su casa de la mano de su papá, también a quince minutos de la escuela.

Pero unos instantes más tarde, el día se oscureció de repente. Las nubes cubrieron todo el cielo, como si alguien les hubiera abierto la puerta para que salieran a jugar.

Personaje, ambiente, trama

¿Qué hacen los diferentes personajes en esta parte del cuento? ¿Cómo creen que se sienten cuando el cielo se cubre de nubes?

Hacer, confirmar y revisar predicciones

El cielo se cubre de nubes. ¿Qué predicción pueden hacer sobre lo que les ocurrirá a los personajes?

Pablo y Malena sacaron unos impermeables que siempre llevaban en las **alforjas**, por las dudas. La mamá de Elisa encendió los limpiaparabrisas y aminoró la marcha de la camioneta. El papá de Dante le alcanzó el impermeable y lo ayudó a ponerse las botas de goma.

Talán, talán.

Cuando sonó la campana, muchos niños ya habían llegado a la escuela, pero todavía faltaban algunos. Pablo y Malena estaban a un kilómetro, aunque ya se los veía venir, bajando a paso lento en sus burritos. La camioneta de Elisa estaba a pocas cuadras, pero se movía despacito. Dante iba por mitad de camino, saltando charcos y alejándose de las partes del terreno llenas de barro.

Los maestros esperaban en la puerta. Esa mañana, las clases empezarían un poco más tarde, cuando llegaran todos. ¡Los maestros sabían cuánto se esforzaban sus alumnos para ir todos los días a la escuela rural!

alforjas: bolsas colgadas de la montura

Hacer, confirmar y revisar predicciones

Pensar en voz alta

Mi predicción era correcta. Comenzó a llover y los niños llegaron más tarde a la escuela, pero sus maestros los esperaron para comenzar las clases. ¿Fueron correctas sus predicciones?

Género

Ficción realista: Los textos de ficción realista pueden tener un mensaje o una enseñanza.

Los hermanos mayores

Era el mediodía de un sábado helado. La familia Quispe terminaba de almorzar en su casa del campo.

—El bebé va a adelantarse —dijo mamá—. ¡Ya quiere nacer!

Papá corrió a buscar el bolso para el hospital. Rocío y Julián acompañaron a mamá al carro. Papá llamó a la abuela para que viniera a quedarse con los niños. Pero la abuela vivía en el pueblo, a treinta kilómetros. Y se acercaba una tormenta. La abuela no llegaría a tiempo.

La señora Vila, una vecina de los Quispe, pasó a saludarlos. ¡Llegó en el **instante** justo!

—Yo cuidaré a los niños —dijo la señora Vila—. Pasaremos una tarde muy divertida, ¿no les parece?

Hacer y responder preguntas

Pensar en voz alta

Cuando leemos, podemos hacernos preguntas acerca de lo que no comprendemos. Luego, podemos intentar responder esas preguntas. Leo que se acerca una tormenta y la abuela no podrá ir a casa de los Quispe. Me pregunto quién cuidará a los niños. Luego, sigo leyendo y descubro que aparece la señora Vila. Ella los cuidará.

instante: momento

Rocío y Julián abrazaron a la señora Vila y saludaron a sus papás con emoción por la **inminente** llegada de su hermanito.

Cuando mamá y papá llegaron al hospital, ya nevaba mucho. La nieve **obstruía** la carretera y la abuela no pudo salir del pueblo. Se quedó en su casa, **expectante**.

A la tarde sonó el teléfono. Era papá.

—¡Ya nació Lorenzo! —exclamó—. Mañana por la noche regre...

Eso fue todo lo que llegó a decir, porque su celular se quedó sin batería. La abuela no pudo comunicarse con él y llamó a los niños. Rocío le dio la noticia.

—¡Hagamos un cartel de bienvenida! —gritó Rocío apenas cortó.

—Antes lavemos los platos —respondió Julián.

—¿Quieren que los ayude? —preguntó la señora Vila.

—¡No, señora Vila, usted es nuestra invitada! —respondió Rocío. Después se volvió hacia Julián—. Bien, lavemos los platos, pero después hagamos una lista de tareas. Ahora los dos somos hermanos mayores.

inminente: próxima

obstruía: bloqueaba

expectante: a la espera

Hacer y responder preguntas
¿Qué preguntas pueden hacer acerca de Rocío y Julián?

Cuando terminaron con los platos, Rocío y Julián hicieron dos listas, una para el sábado y otra (por si acaso) para el domingo:

Sábado	Domingo
• Lavar platos ✔	• Tender camas
• Ordenar dormitorios	• Desayunar cereales
• Hacer el cartel	• Preparar ensalada para almorzar
• Preparar sándwiches para la cena	• Lavar platos
• Preparar una cama para la señora Vila	• Agregar decoraciones

El sábado, los niños ordenaron sus cuartos. Después pintaron letras de colores sobre cartones cuadrados para formar la frase: **BIENVENIDO, LORENZO**. Como aún les quedaba pintura, decidieron agregar la palabra **BEBÉ**. Unieron los cartones con hilo y colgaron el cartel:

BIENVENIDO, BEBÉ LORENZO.

Trama: secuencia

Pensar en voz alta

Cuando leemos, es útil prestar atención al orden en que ocurren los sucesos, es decir, pensar qué ocurre primero, luego y por último. Leo que los niños planearon varias tareas para el sábado. Primero ordenaron los cuartos y después pintaron un cartel. Sigamos leyendo para descubrir qué hacen a continuación.

Después, la señora Vila los ayudó a hacer los sándwiches para cenar. Y por último, los niños prepararon el sofá cama de la sala para su vecina y se fueron a dormir.

El domingo ya no nevaba, pero aún no se podía pasar por la carretera. Los niños siguieron la lista al pie de la letra. Para la tarea "Agregar decoraciones", hicieron coronas de flores y las colocaron con ayuda de la señora Vila.

A la nochecita se abrió la carretera. La abuela salió enseguida, pero demoró porque el **asfalto** estaba resbaladizo.

Como el hospital quedaba más cerca, mamá, papá y Lorenzo llegaron antes. Muy sonriente, la señora Vila los esperó a la entrada de la casa. Los papás le agradecieron que se hubiera quedado y pasaron adentro.

¡Qué sorpresa se llevaron! Todo estaba muy limpio y en su lugar.

Apenas un rato después, cuando llegó la abuela, toda la familia Quispe celebró comiendo y cantando. Bueno, toda no, porque Lorenzo solo tomó leche, no cantó nada y se durmió enseguida.

asfalto: material de las carreteras

Ficción realista
¿Qué aprenden Rocío y Julián mientras esperan a su nuevo hermanito? ¿Cómo lo saben?

Trama: secuencia
¿Quién llega por último a la casa de los Quispe?

Género

Ficción realista: Los cuentos de ficción realista tienen personajes que piensan y sienten como las personas reales.

Trama: causa y efecto

Pensar en voz alta

A veces, cuando tenemos una pregunta acerca de un suceso del cuento, es útil pensar cuál fue la causa de que eso pasara, es decir, entender por qué sucedió. Me pregunto por qué Matilda dio un suspiro. Sigo leyendo y me doy cuenta de que Matilda cree que no creció tanto como Peque en los últimos meses. Por eso suspiró con tristeza.

cabía: entraba

profundo: fuerte

¿Lo ves, Matilda?

Matilda abrió la ventana de su habitación y respiró hondo. Ya se sentía el olorcito del verano. Faltaba una semana para terminar el kínder. ¡Habían pasado tantas cosas ese año!

El cachorro Peque, por ejemplo. El año pasado, papá y mamá lo habían traído a fines del verano, cuando Matilda estaba por empezar el kínder. Peque era tan pequeño que **cabía** en una mano de papá. Fue por eso que Matilda lo llamó Peque. Pero ahora, Peque era casi tan alto como Matilda. Y corría mucho más rápido que ella.

Antes de cenar con papá y mamá, Matilda dejó escapar un **profundo** suspiro.

—Yo no crecí tanto como Peque —dijo Matilda con tristeza.

—¿Cómo que no? —dijo mamá—. ¡Mira las marcas que hicimos en la pared! ¡Creciste mucho este año!

—Sí —dijo Matilda—. Pero Peque creció más. Y siempre me gana cuando corremos.

Peque entró corriendo en ese momento, tan entusiasmado que casi **derriba** una lámpara. Dio dos vueltas a la mesa y volvió a salir.

—¿Lo ven? —dijo Matilda—. El año pasado entraba en la mano de papá, pero ahora es **inmenso**. ¡Y corre como un caballo! En cambio, yo apenas crecí una o dos pulgadas.

—El año pasado Peque era un cachorrito, y los cachorritos crecen muy rápido —dijo papá—. Pero él no aprendió tantas cosas como tú, Matilda. Por ejemplo, ¿qué sabías escribir tú cuando llegó Peque?

—*Emmmm* —dijo Matilda, pensativa—. Sabía escribir mi nombre.

—¿Y ahora, qué sabes escribir? —preguntó mamá.

—¡Muchos nombres y muchas palabras! —respondió Matilda, entusiasmada.

derriba: tira abajo

inmenso: muy grande

Ficción realista

¿Cómo se sintió Matilda al ver que Peque había crecido más que ella? ¿Cómo se sintió después de hablar con sus papás?

brotes: pequeños tallos y hojas

Hacer, confirmar y revisar predicciones

Cuando leemos, a veces sirve hacer predicciones de lo que creemos que pasará. Sé que Matilda está preocupada porque cree que en el último año no ha crecido tanto como su mascota. Su mamá le mostró que se equivocaba. Ahora, Matilda dice que el camote ha hecho más cosas que ella en el último año. Creo que su mamá o su papá le demostrarán que se equivoca. Sigamos leyendo para ver si mi predicción es correcta.

Después, Matilda se quedó callada, pensando. Peque no era el único que había cambiado mucho ese año. El camote con **brotes** también. Nueve meses antes, cuando Matilda vio un camote con brotes en la bolsa de las compras, pidió permiso para plantarlo. Ahora, el camote se había convertido en una planta enorme, con hojas preciosas y flores moradas.

—¿Y el camote? —dijo Matilda—. Hace nueve meses, cuando lo encontré, tenía solo unos brotecitos. Ahora ya tiene muchísimas hojas y flores. ¡Yo no hice tantas cosas!

—Es cierto, pero la planta de camote tiene todas esas hojas y todas esas flores porque alguien la plantó —dijo mamá—. ¿Quién la plantó?

—¡Yo! —respondió Matilda.

—¿Y quién la regaba? —preguntó papá.

—¡Yo! —respondió otra vez Matilda.

—¿Lo ves, Matilda? —dijo mamá—. De alguna manera, esas hojas y esas flores también las hiciste tú.

Cuando Matilda se fue a dormir, papá se sentó junto a ella para contarle un cuento. Matilda eligió su libro favorito: el cuento de los tres cerditos.

—¿Recuerdas la primera vez que te conté este cuento, Matilda? —dijo papá.

—Sí —dijo Matilda—. Tú me leías las palabras y yo miraba los dibujos.

—¿Y cómo era Peque en ese momento? —preguntó papá.

—Era muy pequeñito —respondió Matilda—. Dormía en una caja de zapatos.

—¿Y la planta de camote? —preguntó papá—. ¿Cómo era?

—*Emmmm* —dijo Matilda—. No era una planta. Era un camote con brotes.

—¿Lo ves, Matilda? —respondió papá—. Ahora Peque es enorme y la planta de camote tiene muchas flores. Y tú, Matilda, ya me puedes leer las palabras del cuento mientras yo miro los dibujos.

Matilda sonrió de oreja a oreja, y comenzó a leerle el cuento a su papá.

Hacer, confirmar y revisar predicciones

¿Fue acertada nuestra predicción de que la mamá o el papá de Matilda le demostrarían que sí había hecho muchas cosas? ¿Qué predicen que aprenderá Matilda al leer el cuento con su papá?

Trama: causa y efecto

¿Cuál fue la causa de que Matilda sonriera de oreja a oreja? ¿Por qué cambió de opinión sobre lo que había sucedido el último año?

Género

Fantasía: Una fantasía es un cuento con personajes que hacen cosas que no podrían hacer en la vida real.

¡Mi querida amiga!

lustrosa: brillante

extravagante: rara y llamativa

Detalles clave

Pensar en voz alta

Recuerden que podemos prestar atención a los detalles clave que indican de qué trata el cuento. Aquí leemos que la oruga salió un día a charlar con sus vecinos del jardín. Este es un detalle clave. Sigamos leyendo para descubrir con quién conversa la oruga.

Había una vez una oruga que vivía en un gran jardín. Como era muy amigable, un día salió a charlar con sus vecinos, los otros seres pequeñitos como ella que vivían en el jardín.

Primero habló con un escarabajo, porque admiraba su negra capa **lustrosa**. La oruga lo saludó al pasar, pero el escarabajo iba con tanta prisa que no la oyó. Pasaron varios escarabajos más, pero todos andaban a la misma velocidad. ¡Iban tan rápido que a veces se caían de espaldas y se quedaban patitas para arriba!

La oruga comenzó a saludar a muchos otros animalitos del jardín. Saludó a las catarinas, vestidas con su **extravagante** capa a lunares. Saludó a las lombrices, que salían del suelo como fideos rojos. Y saludó a las hormigas, que andaban siempre juntas. Pero ninguno de sus vecinos se quedaba a charlar con ella.

Un atardecer, un grillo se acercó y se quedó mirando con **asombro** la forma de caminar de la oruga. Primero movía las patitas de adelante, después las del medio, y por último las de atrás.

—¿Siempre caminas así? —le preguntó—. ¿Por qué no saltas como yo?

—¿Me enseñas? —dijo la oruga.

El grillo intentó enseñarle, pero enseguida se dieron cuenta de que la oruga no estaba hecha para saltar. Después, el grillo quiso aprender a caminar como la oruga... ¡pero no tenía tantas patas como ella!

La oruga y el grillo se rieron mucho de sus intentos. Después se quedaron charlando sobre el color verde, el olor de las flores y la luz de las estrellas.

Desde entonces, se encontraron todos los días. Primero, el grillo tocaba la guitarra y la oruga bailaba. ¡Era realmente divertido! Y después, los dos se quedaban charlando de cualquier cosa.

Un día, el grillo vio que la oruga estaba tejiendo una capa **sedosa**.

asombro: sorpresa

sedosa: suave como la seda

Fantasía:
¿Cuáles son los personajes de este cuento? ¿Qué hacen?

Hacer y responder preguntas

Pensar en voz alta

Recuerden que hacernos preguntas durante la lectura y seguir leyendo para hallar las respuestas nos ayudará a comprender mejor el cuento. Aquí leo que un día el grillo vio a la oruga tejer una capa sedosa. Me pregunto qué hará la oruga con esa capa. Sigamos leyendo para averiguarlo.

—¿Tienes frío? —preguntó el grillo, al ver que la oruga se envolvía en la capa.

—Tengo frío... y sueño. ¿Por qué no vuelves mañana? *Ajuuuum* —bostezó la oruga.

—¡Hasta mañana! —respondió el grillo, y se fue de un salto para dejarla dormir.

Al día siguiente, el grillo no encontró a su amiga. La capa sedosa colgaba de una rama, aunque se veía distinta. Ahora era un capullo grueso que parecía lleno de... algo.

"Será mejor que no lo toque. Tal vez la oruga vuelva a buscarlo para seguir tejiendo mientras charla conmigo", pensó el grillo.

Pero pasaron los días y las noches, y la oruga no volvía.

Una noche, el grillo dejó de tocar la guitarra.

Todos los otros animalitos se quedaron muy preocupados.

—¡Mi amiga se fue! —sollozaba el grillo.

—¡Ooooooohhhhhhhh, qué triste! —decían los animalitos.

De a poco, el grillo fue quedándose dormido junto al capullo.

Detalles clave
¿Qué apareció en el lugar donde estaba la oruga? ¿Qué hace el grillo?

sollozaba: lloraba

—¡Hola, grillito! ¡Despierta! —dijo una voz al día siguiente.

El grillo se frotó los ojos. ¿Quién era ese insecto con alas de colores que le hablaba como si lo conociera?

—Disculpe, señorita —respondió el grillo. Es que anoche me dormí tarde y...

—Los grillos siempre se duermen tarde —dijo el insecto—. Tú mismo me contaste eso.

—Es que anoche me dormí más tarde porque estoy un poco tris... —empezó a decir el grillo—. Espere. Yo nunca le conté eso. Solo se lo conté a mi amiga oruga. ¿Usted la conoce? ¿Sabe dónde está?

—¡Jajajajaja! —rio el insecto—. ¡Yo soy la oruga! Mejor dicho, ahora me llamo *mariposa*. ¿Te gustan mis alas? Me crecieron dentro del capullo que tejí. ¿Recuerdas?

El grillo comenzó a saltar de alegría.

—¡Querido grillo! —dijo la mariposa con una sonrisa—. ¡Cómo nos vamos a divertir ahora!

—Sí, mi querida oru... mi querida mari... En fin, ¡mi querida amiga! —respondió el grillo.

Hacer y responder preguntas

¿En qué se convirtió la oruga? ¿Qué preguntas tienen acerca del final del cuento?

Género

Fantasía: Las fantasías son cuentos de ficción. Los personajes de las fantasías no son como personas o animales reales. A menudo, son animales que pueden hablar.

Trama: secuencia

Pensar en voz alta

Cuando leemos, podemos prestar atención a la secuencia, es decir, el orden en que ocurren los sucesos. Me pregunto qué es lo que ocurre primero en este cuento. Primero vinieron las lluvias y las ranas estaban de fiesta. Voy a seguir leyendo para saber qué pasa después.

Fantasía

¿Qué hacen estos animales que no hacen los animales en la vida real?

cascada: caída natural de agua

torrente: agua que corre

Ni tanta lluvia, ni tanto sol

Primero vinieron las lluvias. El pasto estaba mojado. La tierra era puro barro. La **cascada** había crecido. El agua era un **torrente** que hacía un tremendo alboroto al caer sobre las piedras.

Las ranas estaban de fiesta.

—No hay como la lluvia, cro, cro, cro —dijo una rana.

—Todos los animales salieron a celebrar, cro, cro, cro —dijo otra rana.

—¡Todos no! —dijo una tercera—. Los gatos están dentro de la casa, detrás del ventanal. ¿Vamos a avisarles que llueve?

Las ranas saltaron hasta la casa y llamaron a los gatos. Señalaron la lluvia para invitarlos a salir. Pero los gatos no las miraron. ¡Ni siquiera maullaron! Solo arquearon el cuerpo, esponjaron el pelo... y trataron de dormir. Las ranas se fueron, ofendidísimas.

Después de las lluvias, llegaron los días de sol. El pasto ya no estaba mojado. La tierra ya no era barro. La cascada se había **evaporado**. El agua era un hilito que goteaba débilmente sobre una sola piedra.

Los gatos estaban de fiesta.

—No hay como el sol, **miau**, **miau**, **miau** —dijo un gato.

—Todos los animales salieron a celebrar, **miau**, **miau**, **miau** —dijo otro gato.

—¡Todos no! —dijo un tercero—. Las ranas están amontonadas sobre una piedra, bajo el hilito de agua que gotea. ¿Vamos a avisarles que hay sol?

Los gatos corrieron hasta la piedra y llamaron a las ranas. Señalaron el sol para invitarlas a salir. Pero las ranas no los miraron. ¡Ni siquiera croaron! Solo se amontonaron más sobre la piedra, sacaron la lengua... y trataron de atrapar la próxima gota. Los gatos se fueron, ofendidísimos.

2

evaporado: convertido en vapor; desaparecido

Visualizar

Pensar en voz alta

Cuando leemos un cuento, podemos visualizar, es decir, crear una imagen mental de lo que se dice en el texto. Aquí leo que los gatos están felices con el sol, mientras las ranas se amontonan en el agua. Imagino a los gatos jugando muy contentos en el pasto bajo el sol, y a las ranas sedientas y acaloradas cerca del hilito de agua. Esto me ayuda a comprender que a las ranas y a los gatos les gustan cosas diferentes.

desconsiderados:
irrespetuosos

Trama: secuencia
*¿Qué pasó después
de un tiempo, cuando
amaneció nublado?
¿Quiénes salieron a
celebrar?*

Y así pasó el tiempo. Las ranas celebraban la lluvia y buscaban a los gatos. Los gatos celebraban el sol y buscaban a las ranas. Las ranas se ofendían con los gatos. Los gatos se ofendían con las ranas.

—¡Qué **desconsiderados** son los gatos! —decían las ranas entre ellas—. Siempre vienen a burlarse cuando el sol nos deja sin agua.

—¡Qué desconsideradas son las ranas! —decían los gatos entre ellos—. Siempre vienen a burlarse cuando el agua nos deja sin sol.

Hasta que un buen día… amaneció nublado. No había sol, pero tampoco llovía. El aire estaba húmedo, pero no mojaba el pasto. El calor se salía por las nubes, pero no evaporaba la cascada.

Ese día, todos salieron a celebrar. Los gatos y las ranas se acercaron de a poquito:

cro, cro, cro
miau, miau, miau

4

malpensados:
desconfiados

—¿Por qué nunca quieren jugar con nosotras cuando llueve? —preguntaron las ranas.

—Porque la lluvia nos moja el pelo. Y con el pelo mojado nos enfermamos —explicaron los gatos—. ¿Y ustedes? ¿Por qué nunca quieren jugar con nosotros cuando hay sol?

—Porque el sol evapora la cascada. Y sin el agua de la cascada, nos enfermamos —explicaron las ranas.

Los gatos y las ranas se echaron a reír. ¿Cómo pudieron ser tan **malpensados**?

—No hay como las nubes, **miau, miau, miau, cro, cro, cro** —cantaron los gatos y las ranas—. ¡Todos los animales salimos a celebrar!

Hoy las ranas siguen celebrando la lluvia.

Hoy los gatos siguen celebrando el sol.

Pero no hay fiesta de ranas ni de gatos mejor que la fiesta de las ranas y los gatos... cuando el día está nublado y salen todos a jugar.

Visualizar

Visualicen a las ranas y los gatos cuando descubren por qué no celebran los mismos días. ¿Cómo se ven los animales? ¿Qué hacen?

Un vecindario nuevo

Castora y Castor bajaban por el río, empujados por la corriente. *Chuf, chaf, chuf, chaf*, sonaban las aguas que corrían hacia abajo. Castora y Castor buscaban un lugar con árboles en la orilla. Necesitaban las ramas para construir su madriguera, y la corteza y las hojas para alimentarse.

—Mira —dijo Castora, señalando la orilla—. ¡Allí hay fresnos, sauces y abedules!

—Entonces, este es un buen lugar —respondió Castor—. Lástima que el agua sea tan ruidosa.

—Es la corriente —dijo Castora—. Deberíamos construir un muro para pararla.

—¡Qué buena idea! —exclamó Castor.

Castor y Castora pusieron manos… y dientes a la obra. Apoyados en sus anchas colas planas, cortaron ramitas de los fresnos, sauces y abedules. Después comenzaron a colocarlas a lo ancho del río, uniéndolas con barro que ellos mismos juntaban.

2

Pocos días más tarde, terminaron su trabajo. El muro paró la corriente y formó un estanque silencioso. Bajo el brillante sol, el agua quieta también se volvió más tibia.

—Me encantan estas aguas silenciosas y calentitas —dijo Castora—. ¡Pero el lugar es tan solitario! Casi no tenemos vecinos.

—Es cierto —respondió Castor—. Pero las cosas son así. ¿Comenzamos a construir la madriguera?

—¡Comencemos! —exclamó Castora.

Una vez más, Castor y Castora pusieron manos… y dientes a la obra. Cortaron ramitas de los fresnos, sauces y abedules. Después comenzaron a construir las paredes, uniendo las ramas con barro que ellos mismos juntaban.

Unos días más tarde construyeron el techo, pero sin barro, porque querían dejar agujeros de **ventilación** entre las ramas. Por último, para hacer las puertas, hicieron dos túneles con salida al estanque. Esas puertas bajo el agua eran más seguras, porque no permitían la entrada de los **predadores**.

Pero mientras Castor y Castora trabajaban, algo extraño comenzó a suceder.

---

ventilación: lugar por donde corre el aire

predadores: animales que se alimentan de otros

Trama: causa y efecto

Pensar en voz alta

Durante la lectura, pensemos en las causas y los efectos. Una causa es el motivo por el que ocurre algo. El efecto es lo que ocurre como resultado. Leo que los castores construyen un dique y que esto hace que se forme un estanque silencioso. Sigamos buscando causas y efectos mientras leemos.

Hacer, confirmar y revisar predicciones

Pensar en voz alta

Cuando leemos, es útil hacer predicciones acerca de lo que creemos que ocurrirá. Leo que a los castores les gusta el estanque que se formó pero les parece solitario porque no tienen vecinos. Pienso que alguien más irá a vivir allí. Sigamos leyendo para ver si la predicción es correcta.

Trama: causa y efecto

¿Cuál fue la causa de que llegaran los peces? ¿Qué efecto produjo a su vez la llegada de los peces?

estancada: detenida

Primero llegaron muchos peces, atraídos por el calorcito del agua. Detrás vinieron pájaros pescadores, como los cormoranes, atraídos por los nuevos peces.

Mientras tanto, el estanque también se llenó de insectos, que llegaron atraídos por el agua estancada. Detrás vinieron las ranas, atraídas por los insectos. Y detrás llegaron las aves zancudas —garzas y flamencos—, atraídas por las ranas y los peces.

Además, a orillas del estanque crecieron juncos altos, porque los juncos crecen mejor junto al agua estancada. Y en los juncos se metieran muchas otras criaturas nuevas, desde patos y gallinetas hasta cangrejos y culebras.

Los castores no habían notado lo que ocurría porque estaban concentrados en su trabajo. Cuando terminaron de construir la madriguera, miraron asombrados a su alrededor.

4

chillaron: gritaron

—¡Gracias por el estanque! —**chillaron** unas garzas que caminaban por la orilla.

—¡Gracias por el estanque! —exclamaron unas ranas que saltaban para alejarse de las garzas.

—¡Gracias por el estanque! —zumbaron unos saltamontes que volaban para alejarse de las ranas.

—¡Gracias por el estanque! —exclamaron unas aves de largas patas que examinaban el agua en busca de peces.

—¡Gracias por el estanque! —susurraron unos peces que nadaban hacia el fondo para esconderse de las garzas y las aves de largas patas.

—¡Gracias a ustedes por venir! —respondían los castores una y otra vez.

—Todos son felices aquí, aunque tengan que esconderse de alguien —dijo Castor.

—Todos se esconden de alguien, pero nadie se esconde de nosotros —agregó Castora.

—¡Porque nosotros solo comemos plantas! —exclamaron los dos, encantados con su nuevo vecindario.

Hacer, confirmar y revisar predicciones
¿Era correcta nuestra predicción de que alguien más llegaría a vivir en el estanque? ¿Qué pueden predecir que ocurrirá con tantos animales juntos?

Fantasía
¿Qué partes de este cuento no podrían ocurrir en la vida real?

Género

Fantasía: Los cuentos de fantasía pueden mostrar personajes de fantasía en ambientes realistas.

Trama: secuencia

Pensar en voz alta

Para entender mejor el cuento, podemos pensar en la secuencia, es decir, en el orden en que ocurren los sucesos. Lola y Lolo salieron de su casa en invierno. Llegaron a orillas del mar el primer día de la primavera. ¿Qué harán los ciempiés durante la primavera y el verano? Seguiré leyendo para ver qué pasa a continuación.

Nos vemos en otoño

Había una vez una familia de ciempiés que vivía en la montaña. En invierno, en primavera y en verano, todos andaban de aquí para allá. ¡No se cansaban nunca de caminar con tantas patitas! Pero en otoño se reunían entre las hojas secas para hacer una gran fiesta familiar. Ese era el momento más importante del año.

Un día de invierno, dos de los ciempiés, Lola y Lolo, decidieron ir a conocer el mar.

—El mar está a tres meses de caminata —les dijo el abuelo ciempiés—. Si salen ahora, llegarán en primavera. Pero apenas termine la primavera, tienen que volver. El viaje de regreso les llevará los tres meses del verano y llegarán justo para la reunión familiar de otoño.

—Te prometemos que regresaremos en otoño —dijeron Lola y Lolo, y se pusieron en marcha.

El viaje duró los tres meses del invierno. Lola y Lolo lograron llegar a su meta el primer día de primavera y treparon a un arbolito para mirar el mar desde bien arriba.

En el arbolito, Lola y Lolo conocieron a muchos insectos. Todos los días jugaban con sus nuevos amigos. ¡Qué vacaciones tan divertidas! El tiempo pasaba volando.

—¡Ojalá esta primavera a orillas del mar no termine nunca! —decían Lola y Lolo.

En la montaña, Lola y Lolo sabían cuándo era primavera y cuándo era verano. Pero a orillas del mar, todo era distinto. No había tantas flores en primavera ni hacía tanto calor en verano. Siempre soplaba la misma brisa suave entre las mismas hojas verdes. Pronto, Lolo y Lola perdieron la cuenta de los días.

Una mañana, la brisa suave se convirtió en un ventarrón. La primera ráfaga arrancó un montón de hojas **marchitas**.

—¡Llegó el otoño! —gritaron los insectos.

—¡Oh, no! —dijeron Lola y Lolo—. ¿Ya pasaron la primavera y el verano? ¡Tendríamos que haber regresado hace tres meses! ¿Hay alguna manera de viajar más rápido?

—Pueden viajar en una hoja voladora… —dijo una araña.

marchitas: secas

Fantasía
¿Qué detalles del cuento describen lo que sucede en otoño en la vida real? ¿Qué partes del cuento son de fantasía?

Pensar en voz alta

Leo aquí que Lola y Lolo echaron a correr y se montaron de un brinco a una hojita voladora. Voy a visualizar esto que se dice en el texto, es decir, voy a crear en mi mente una imagen de esa escena. Puedo imaginar la hojita que se desprende del árbol por la brisa. Lola y Lolo corren para saltar mejor. Deben ir rápido, porque tienen muchas patitas. Imagino que los otros insectos del árbol los miran.

aterrizó: se posó en el suelo

apesadumbrados: tristes

Visualizar

Cierren los ojos y visualicen esta situación: Estaban tan apesadumbrados que ni siquiera podían darse prisa. ¿Qué imaginan? ¿Cómo se comportan Lolo y Lola? ¿Cómo se ven?

Lola y Lolo se despidieron de sus amigos. Echaron a correr con todas sus patitas y se montaron de un brinco a una hojita voladora. ¡Nunca antes habían volado! Era muy divertido ver a los animales grandes desde arriba, porque todos se veían pequeñitos como ellos. ¡Las vacas y los caballos parecían hormigas! Además, la hoja volaba a una velocidad increíble.

—¡Mira, Lolo! —dijo Lola—. En unas pocas horas, recorrimos la mitad del camino. Si hubiéramos viajado a pie, habríamos tardado un mes y medio en llegar aquí.

Pero en ese momento, el viento dejó de soplar. La hoja bajó lentamente y **aterrizó** en un pastizal.

—¿Y ahora? —dijo Lolo—. Aquí hay mucho pasto pero ningún árbol. No podemos seguir volando. Tendremos que hacer el resto del camino a pie. Y nos perderemos la reunión familiar.

Lola y Lolo comenzaron a caminar. Estaban tan **apesadumbrados** que ni siquiera podían darse prisa. ¡Si tan solo pudieran conseguir otra hojita voladora!

—¡Mira, Lolo! ¡Ahí hay un arbolito! —dijo Lola.

Lolo y Lola comenzaron a trepar por el arbolito, que tenía un tronco fino y una copa de hojas grises. De repente, el tronco salió de la tierra y se movió hacia arriba. *¡Plaf!* Lola y Lolo cayeron al vacío y aterrizaron sobre... un colchón de plumas.

—¡Esto no es un árbol! —gritaron.

—Claro que no. Soy un ñandú —dijo una cabeza que los miraba fijamente—. Ustedes treparon por mi cuello mientras **escarbaba** la tierra. ¿Y para qué quieren un árbol?

—Para llegar rápido a la montaña. A pie nos lleva un mes. Pero con una hojita voladora tardaríamos solo unas horas.

—¿Unas horas? —rio el ñandú—. ¡Yo tardo menos! ¿O no saben que los ñandúes somos muy **veloces**? ¡Agárrense fuerte, que llegaremos en diez minutos!

Y diez minutos después, Lola y Lolo llegaron a la montaña, justito cuando comenzaba la reunión familiar.

escarbaba: removía con las patas

veloces: rápidos

Trama: secuencia
¿Qué es lo último que sucede en este cuento?

El techo que cambiaba de color

Nema, Neme y Nemo eran tres escarabajos grises que vivían en un depósito de **turquesas** que quedaba bajo tierra. La mayor parte de su mundo era gris, menos los parches de piedra turquesa, algunos sitios blancos por donde se veía una luz lejana y muchos rincones negros, completamente oscuros.

—Me encanta el color turquesa —dijo Nema un día.

—Yo conozco un mundo con un techo turquesa que se llama *cielo* —dijo su amiga Hormiga.

—¡Dinos dónde está! —exclamaron los escarabajos.

Hormiga dibujó un plano del camino en el suelo gris. Los escarabajos se lo aprendieron de memoria y partieron hacia allí. Pero después de un largo camino, cuando solo faltaba pasar un túnel, se detuvieron a **deliberar**.

¿Y si el nuevo mundo era peligroso? ¿Y si necesitaban algo para defenderse? Los escarabajos decidieron que uno se asomara primero con mucho cuidado y sin llamar la atención, y regresara para contar lo que había visto.

—Iré yo, que soy la mayor —dijo Nema.

Luego de caminar varias horas, Nema se asomó a la salida y miró hacia arriba. ¡Qué decepción! El techo que Hormiga llamaba *cielo* era tan gris como el del terreno que estaba debajo y tenía muchísimas goteras. Nema no lo sabía, pero el cielo había cambiado de color porque la mañana estaba lluviosa. Esas cosas jamás sucedían abajo, donde lo turquesa era siempre turquesa y lo gris era siempre gris. Nema regresó y describió lo que había visto.

—¡Imposible! —exclamaron sus hermanos.

Luego de deliberar, los escarabajos decidieron que saliera Neme para comprobar lo que había visto Nema.

Trama: problema y solución

Pensar en voz alta

Para comprender mejor un cuento, es útil pensar cuál es el problema que deben resolver los personajes. Leo que los escarabajos piensan que el nuevo mundo puede ser peligroso. Ese es el problema. Presten atención durante la lectura para ver qué soluciones encuentran los escarabajos.

Hacer, confirmar y revisar predicciones

Pensar en voz alta

Hacer predicciones sobre lo que pasará a continuación en un cuento puede ayudarnos a comprenderlo mejor. Los escarabajos deciden que otro hermano debe salir para comprobar lo que dijo Nema. Predigo que el escarabajo que salga ahora verá lo mismo que Nema y entenderá la explicación de su hermana. Sigamos leyendo para ver si mi predicción es correcta.

*Neme salió al aire libre y
vio el cielo, pero no era
como lo había descrito
Nema. Mi predicción no
era correcta. Ahora leo
que es el turno de Nemo
de salir. ¿Qué creen que
verá en el cielo? Sigamos
leyendo para ver si
nuestras predicciones
son correctas.*

**Trama: problema y
solución**

*Los escarabajos no
entienden por qué cada
uno ve algo diferente en
el cielo. ¿Qué hacen para
resolver el problema?*

Cuando salió, Neme miró hacia arriba y vio un techo turquesa. En el medio había un puente de bellísimos colores desconocidos. También había un círculo luminoso, de un color tan brillante que **encandilaba**. Neme no lo sabía, pero la tormenta había pasado, había salido el sol y se había formado un arcoíris. Esas cosas jamás sucedían abajo. Neme volvió con sus hermanos y contó lo que había visto.

—Imposible —dijo Nema—. Estoy segura de que el techo era de color gris.

Luego de mucho deliberar, los escarabajos decidieron que saliera Nemo a confirmar quién tenía razón.

Cuando se asomó, Nemo vio un techo negro con mil puntitos luminosos. También había un círculo brillante, pero era blanco y no encandilaba. Nemo no lo sabía, pero después de la mañana tormentosa y la tarde soleada, había llegado la noche. Esas cosas eran desconocidas en el terreno de abajo. Nemo volvió con sus hermanos para contar lo que había visto. **Desconcertados**, los tres escarabajos decidieron salir juntos.

encandilaba: molestaba
la vista con tanta luz

desconcertados: sin
entender qué pasa

4

deslumbrante:
demasiado brillante

Cuando salieron, vieron un techo de color desconocido. Aprendieron su nombre más tarde: anaranjado, el color del amanecer. Poco después, el techo se volvió turquesa, con un círculo **deslumbrante** de un color desconocido. Aprendieron su nombre más tarde: amarillo, el color del sol. Después, el techo se puso gris y comenzó a gotear. Después volvió a ponerse turquesa, con un puente de muchos colores. Después volvió a ponerse anaranjado, mientras se iba el círculo deslumbrante. Después se volvió negro, con mil puntitos luminosos y un brillante círculo blanco.

Entonces, Nema, Neme y Nemo entendieron todo. Antes, los tres habían salido al mismo mundo. El techo de ese mundo era el cielo. Y el cielo era turquesa, pero también gris, anaranjado, negro... en fin, de todos colores. Los escarabajos se quedaron a vivir para siempre bajo aquel techo que cambiaba de color.

Hacer, confirmar y revisar predicciones
¿Fueron acertadas sus predicciones sobre lo que vería Nemo? ¿Qué predicen que verán los tres hermanos al salir juntos a ver el cielo?

Ciudadanos en acción

Fantasía

¿Son estos animales como los animales reales? ¿Cómo lo saben?

desbordó: salió de las orillas

Trama: causa y efecto

Pensar en voz alta

Cuando encontramos un nuevo suceso en el cuento, resulta útil pensar cuál fue la razón de que eso sucediera. Leo que las viboritas crearon un puente con su cuerpo. ¿Por qué lo hicieron? Algunos de los animalitos no podían llegar al caparazón de Amarilis de un salto. Las viboritas querían ayudarlos. Esta es la razón, es decir, la causa, de que las viboritas formaran un puente.

Aquella primavera fue tan lluviosa que el río se **desbordó** e inundó la selva. Muchos animales se refugiaron en las plantas que flotaban en el agua. Pero la tortuga Amarilis no necesitaba hacerlo, porque su caparazón flotaba como una isla gigantesca.

—¡Salten sobre mi caparazón! —gritó Amarilis cuando el agua entró en su vecindario.

Los animales saltarines, como las ranas, los sapos, los grillos y los saltamontes, llegaron de un brinco al gran caparazón de Amarilis. Pero había otros animales que no podían saltar. Entonces, las viboritas anudaron sus colas en las enredaderas de los árboles y se agarraron fuertemente del caparazón con la boca. Los animales que estaban sobre el caparazón gritaron:

—¡Aquí hay puentes!

Las hormigas, los ciempiés, las lombrices, los ratones, los conejos y otros animalitos que andaban por la tierra cruzaron los puentes-viboritas para llegar al caparazón de Amarilis.

Cuando las viboritas se soltaron de las enredaderas para montarse sobre el caparazón, los pájaros que anidaban en las ramas más altas gritaron:

—¡Aquí hay aviones!

Las orugas, las catarinas, los escarabajos, las arañas, los perezosos, las ardillas y otros animalitos que andaban por la copa se treparon a los aviones-pájaros para volar hasta el caparazón de Amarilis.

Mientras tanto, las arañas que ya estaban a salvo tejieron una tela **tupida** y gritaron:

—¡Aquí hay un techo para protegernos de la lluvia!

Cuatro pájaros levantaron la tela con sus picos y la sostuvieron sobre el gigantesco caparazón de Amarilis.

Cuando todos los animales ya estaban a salvo sobre su caparazón, Amarilis parecía una ciudad flotante bajo un techo de seda.

tupida: espesa

Volver a leer

Pensar en voz alta

Leo que Amarilis parecía una ciudad flotante bajo un techo de seda. Creo que se dice que parecía una ciudad flotante porque todos sus vecinos estaban sobre su caparazón mientras flotaba por el agua. Pero ¿por qué se habla de un techo de seda? Vuelvo a leer esta página y descubro un detalle importante: para proteger a los animales de la lluvia, las arañas tejen una tela y los pájaros la sostienen sobre Amarilis. Por eso se habla de un techo de seda.

Volver a leer

¿Por qué los grillos comenzaron a tocar sus violines? ¿Qué parte del cuento podemos volver a leer para saberlo?

Pero algunos animales tenían mucho frío. Entonces, las ardillas, los ratones y los perezosos gritaron:

—¡Aquí hay mantas!

 Todos los animales con frío se acurrucaron entre esas pieles calentitas. Pero había muchos otros animales que estaban asustados. Entonces, Amarilis dijo:

—Nada como el entretenimiento para curar el miedo. ¿No hay artistas a bordo? ¡Que empiece el espectáculo!

Y el espectáculo comenzó. Los grillos tocaron sus violines. Las ranas los acompañaron con sus flautas. Los pájaros cantaron sus canciones de moda preferidas. Los ciempiés hicieron **coreografías** y zapatearon *taca, taca, tac*. Las orugas hicieron las volteretas más increíbles. Las hormigas desfilaron con elegantes sombreros de hojas. Las catarinas y los escarabajos marcharon con sus capas **vistosas**. Y los conejos movieron sus orejas como tiovivos para divertir a los animalitos más pequeños.

4

cauce: lugar por donde corre un río

Así, de a poco, mientras todos se distraían con el espectáculo, el miedo se fue pasando, la lluvia fue parando, el agua fue bajando y el río volvió a su **cauce**.

Entonces, todos los animales hicieron una ronda alrededor de Amarilis, mientras cantaban:

¡Gracias, Amarilis,

por tu gran caparazón!

¡Gracias por refugiarnos

de la gran inundación!

—El refugio no fue solo mi caparazón, vecinos —respondió la sonriente Amarilis, casi dormida del cansancio—. El refugio lo hicimos entre todos. Además… ustedes me dieron el mejor refugio del mundo: el refugio de su compañía.

Trama: causa y efecto
¿Cuál es la causa de que el río vuelva a su cauce?

Trama: secuencia

Pensar en voz alta

Cuando leemos un cuento, podemos pensar en la secuencia, es decir, el orden en que ocurren los sucesos. Me pregunto qué ocurre primero en este cuento. Al principio, la abeja reina cuenta que vendrán leñadores a cortar el Gran Encino. Este es el primer suceso. Me pregunto qué ocurrirá a continuación. Leo que las abejas tienen un plan. Sigamos pensando en la secuencia a medida que avanzamos en la lectura.

urgencia: mucha necesidad

anidaban: vivían en un nido

leñadores: personas que cortan árboles

Los habitantes del Gran Encino

El domingo por la noche, la abeja reina reunió de **urgencia** a los habitantes del Gran Encino.

—Hemos oído que los leñadores vendrán mañana a cortar nuestro árbol —dijo.

Las ardillas que vivían en el hueco del tronco y los pájaros que **anidaban** en las ramas comenzaron a hablar todos a la vez.

—¡Silencio! —dijo la abeja reina—. Nosotras, las abejas, tenemos un plan.

Todos hicieron silencio.

—Cuando vengan los **leñadores**, nosotras saldremos de la colmena y les clavaremos los aguijones.

Los habitantes del Gran Encino movieron alegremente patas, antenas y alas, porque esa era su forma de aplaudir.

furtivamente: a escondidas

apicultor: persona que cría abejas

Al día siguiente, cuando llegaron los leñadores, las abejas de la colmena los persiguieron con sus aguijones. Los leñadores salieron corriendo y gritando:

—¡Socorro!

Los animalitos hicieron una fiesta, pero la abuela ardilla siguió **furtivamente** a los leñadores para escuchar qué decían. Más tarde, la abuela ardilla reunió otra vez a los habitantes del Gran Encino.

—Los leñadores piensan volver mañana con trajes de **apicultor** —dijo—. Son unos equipos especiales contra las picaduras.

Las abejas de la colmena y los pajaritos de las ramas comenzaron a hablar todos a la vez.

—¡Silencio! —dijo la abuela ardilla—. Nosotras, las ardillas, tenemos un plan.

Todos hicieron silencio.

—Cuando vengan los leñadores, nosotras saldremos del hueco y les lanzaremos nueces. Los trajes los protegen de las picaduras, pero no de las nueces.

Los habitantes del Gran Encino movieron alegremente patas, antenas y alas, porque esa era su forma de aplaudir.

Hacer, confirmar y revisar predicciones

Pensar en voz alta

Recuerden que al leer hacemos predicciones acerca de lo que ocurrirá a continuación. Hasta aquí, las abejas detuvieron a los leñadores con sus aguijones, pero los animales se enteran de que los hombres volverán con trajes especiales y piensan en un nuevo plan. Creo que las ardillas alejarán a los leñadores con sus nueces. Sigamos leyendo para ver si mi predicción es correcta.

Hacer, confirmar y revisar predicciones

¿Pudieron las ardillas alejar a los leñadores? ¿Qué creen que va a pasar ahora?

Trama: secuencia

¿Cuál es la secuencia de lo que hacen los animales para asustar a los leñadores? ¿Qué hacen primero? ¿Y después? ¿Qué hacen por último?

Al día siguiente, cuando llegaron los leñadores, todas las ardillas salieron del hueco y les lanzaron nueces. Los leñadores salieron corriendo y gritando:

—¡Socorro!

Los animalitos hicieron una fiesta, pero el pájaro carpintero siguió furtivamente a los leñadores para escuchar qué decían. Más tarde, el pájaro carpintero reunió otra vez a los habitantes del Gran Encino.

—Los leñadores piensan volver mañana con trajes de astronauta —dijo—. Son unos trajes especiales que los protegen de las nueces que les lanzamos.

Las abejas de la colmena y las ardillas del tronco comenzaron a hablar todas a la vez.

—¡Silencio! —dijo el pájaro carpintero—. Nosotros, los pájaros, tenemos un plan.

Todos hicieron silencio.

—Cuando vengan los leñadores, todos los pájaros los levantaremos con el pico y los llevaremos volando de regreso. Los trajes de astronauta los protegen de las picaduras y las nueces, pero no del vuelo.

Los habitantes del Gran Encino movieron alegremente patas, antenas y alas, porque esa era su forma de aplaudir.

Al día siguiente, cuando llegaron los leñadores, los pájaros salieron de las ramas y los levantaron con el pico. Los leñadores salieron volando y gritando:

—¡Socorro!

Los animalitos hicieron una fiesta, pero la abeja reina siguió furtivamente a los leñadores para escuchar qué decían. Más tarde, la abeja reina reunió otra vez a los habitantes del Gran Encino.

—Mis queridos amigos: hoy todos podemos hacer una fiesta. Los leñadores no piensan volver. Dicen que si un árbol está tan bien defendido, ese árbol es un hogar. ¡Y ningún traje sirve para vencer a los animales que defienden su hogar!

Los habitantes del Gran Encino bailaron y cantaron durante toda la noche, porque esa era su forma de hacer una fiesta.

Fantasía

¿Cómo defendieron su hogar los animales? Qué te enseñó este cuento acerca del trabajo en equipo?

Género

Poesía: La poesía se escribe en líneas breves llamadas versos. Suele tener ritmo y rima.

¿Quién viene?

Ahí viene una catarina.

Vamos a mirar de cerca

su lustrosa **gabardina**.

Ahí vienen dos mariposas.

Vamos a mirar de cerca

sus alitas **presurosas**.

Ahí vienen tres chapulines.

Vamos a mirar de cerca

sus trajes de saltarines.

Hacer y responder preguntas

Pensar en voz alta

Cuando leemos, podemos hacernos preguntas y tratar de responderlas. El texto habla de la "gabardina" de una catarina. Me pregunto por qué. Luego, trato de responder a mi pregunta. Sé que una gabardina es un impermeable. Cuando pienso en una catarina, recuerdo sus vistosos colores. Pienso que el poeta hace referencia a la bonita apariencia de las catarinas.

gabardina: impermeable

presurosas: rápidas, ligeras

Ahí vienen cuatro cigarras.

Vamos a mirar de cerca

cómo tocan la **chicharra**.

Ahí vienen cinco ciempiés.

Vamos a mirar de cerca

sus patitas de bebés.

Ahí vienen seis escorpiones.

¡No quiero mirar de cerca

sus potentes aguijones!

Poesía

En la poesía, suele haber palabras que riman. ¿Qué palabras riman en esta estrofa?

chicharra: timbre eléctrico; cigarra

Detalles clave

Pensar en voz alta

Cuando leemos, prestar atención a los detalles clave de las ilustraciones puede ayudarnos a comprender mejor el texto. Cuando miro esta ilustración, veo cómo es el aguijón de los escorpiones y comprendo por qué el poema dice "no quiero mirar de cerca sus potentes aguijones".

Mariposa del aire

Detalles clave
¿Dónde se posa la mariposa del poema? ¿Qué detalles clave lo indican?

candil: lámpara de aceite

Mariposa del aire,

qué hermosa eres,

mariposa del aire

dorada y verde.

Luz del candil,

mariposa del aire,

¡quédate ahí, ahí, ahí!

No te quieres parar,

pararte no quieres.

Mariposa del aire

dorada y verde.

Luz de candil,

mariposa del aire,

¡quédate ahí, ahí, ahí!

¡Quédate ahí!

Mariposa, ¿estás ahí?

Federico García Lorca

Las cigarras

Las cigarras agitan
sus menudas **sonajas**
llenas de piedrecitas...

La araña

Recorriendo su tela
esta luna clarísima
tiene a la araña en vela.

Luciérnagas

Luciérnagas en un árbol...
¿Navidad en verano?

José Juan Tablada

Hacer y responder preguntas

¿Qué preguntas tienen acerca de la araña? ¿Y acerca de los insectos de los otros poemas?

sonajas: instrumento musical

Los niños del mundo

pastizal: terreno con mucho pasto

manantial: fuente natural de agua

pavimento: capa dura que recubre las calles

Detalles clave

Pensar en voz alta

Recuerden que prestar atención a los detalles clave nos ayuda a comprender mejor lo que leemos. Este poema habla de los niños del mundo. Algunos de ellos viven en el desierto; otros, en el mar. Unos viven en la capital y otros viven en pueblos pequeños. Todos estos son detalles que nos cuentan más cosas acerca de los niños. A medida que leamos, prestemos atención para conocer más detalles acerca de los niños.

En un pueblecito
o en la capital,

en el **pavimento**
o en un **pastizal**,

en una piscina
o en un **manantial**,

en pleno desierto
o a orillas del mar,

juegan los niñitos,
juegan sin cesar.

Con pelota nueva
o cajas de cartón,

con trencito a pilas
o tren de latón,

con gorro de lana
o gorra de algodón,

en días de frío
o de mucho calor,

juegan en el polo
y en el ecuador.

Poesía

Mencionen dos palabras que riman en este poema.

Detalles clave

¿Qué detalles se dan en el poema acerca de los juegos de los niños?

maletín: maleta pequeña

Hacer y responder preguntas

Recuerden que podemos hacernos preguntas acerca del texto. Leo que suena el teléfono y luego se oye la lluvia, pero el poeta confunde estos sonidos con otra cosa. Me pregunto qué tienen en común estas situaciones. Leo el título y comprendo que se trata de dos confusiones. Sigamos haciendo preguntas a medida que leemos.

Canción de las confusiones

¡Rin! ¡Riiin!
Suenan dos timbres;
abro la puerta;
no hay nadie ahí.

¡Rin! ¡Riiin!
Suenan de nuevo:
era el teléfono
en mi **maletín**.

¡Toc! ¡Toc!
Vienen visitas;
abro la puerta;
no hay nadie ahí.

¡Toc! ¡Toc!
No eran visitas:
eran gotitas
de lluvia en el zinc.

¡Car-teeero!
Vino el cartero;
abro la puerta;
no hay nadie ahí.

¡Car-tero-tero!
No era el cartero:
eran dos teros...
en el **cocotero**.

Hacer y responder preguntas
¿Qué preguntas tienen acerca de las confusiones que se cuentan en este poema?

cocotero: árbol de cocos

Género

Texto informativo:
Los textos informativos brindan datos acerca de un tema.

Texto informativo
¿Cuáles son los cinco sentidos?

Detalles clave

Pensar en voz alta

Cuando leo, presto atención a los detalles para aprender más. En este texto leo que cuando miramos, vemos la forma y el tamaño de las cosas. También vemos colores y movimientos. Estos detalles me ayudan a comprender lo que estoy viendo. Cuando quiera describir lo que veo, pensaré en la forma, el tamaño, el color y el movimiento.

brinda: da

obtener: recibir

describan: digan cómo es algo

Los sentidos

¿Cómo podemos descubrir el mundo que nos rodea? Una de las mejores maneras de aprender es usar nuestros sentidos. Son cinco: vista, oído, olfato, tacto y gusto. Cada uno **brinda** un tipo especial de información.

Vista

Cuando vemos, usamos los ojos. ¿Qué vemos cuando miramos algo? Podemos ver la forma y el tamaño de las cosas. También vemos colores y movimientos. Imaginen que ven un árbol. Pueden saber si es grande o pequeño. Saben que las hojas son verdes y que tienen una forma particular. Observan cómo se mueven sus ramas con el viento. Podemos **obtener** mucha información a través de la vista. Miren algo del salón de clases y **describan** ese objeto tal como lo ven.

1

Olfato

Usamos la nariz para oler. Casi todas las cosas tienen un olor particular. Cierren los ojos. ¿Qué olores sienten en el salón de clases? Los crayones tienen un olor especial. Los libros también. ¿Cómo describirían esos olores? ¿Qué olor tiene la lluvia? ¿Qué olor sale del horno cuando se cocinan galletas? ¿Qué olores les gustan?

2

Gusto

Con la lengua sentimos el gusto de las cosas. Las distintas comidas tienen distintos **sabores**. Si no fuera así, comeríamos siempre lo mismo, en el desayuno, el almuerzo y la cena. Sin embargo, hay solo cinco sabores básicos. Los más **usuales** son el dulce y el salado. ¿Qué comidas son dulces? ¿Qué comidas son saladas? Otro sabor básico es el ácido. Miren la foto del niño probando un limón. ¡Qué ácido! ¿Qué sabor prefieren ustedes?

sabores: gustos

usuales: comunes

Hacer y responder preguntas

Pensar en voz alta

Cuando leo, me hago preguntas que me ayuden a comprender el texto. Leo que los sabores más usuales son el dulce y el salado. Me pregunto qué comidas son dulces y cuáles son saladas. Voy a seguir haciéndome preguntas a medida que avanzo en la lectura.

Mijang Ka/Clover Mo. 7 Photography/Getty Images

Oído

Cuando oímos, usamos los oídos. ¡Hay sonidos por todos lados! Es fácil percibir sonidos fuertes, como los truenos o la bocina de un carro. Pero también hay sonidos suaves, como el ronroneo de un gato o las gotas de lluvia. ¿Qué sonidos suaves pueden mencionar?

Chirrido, rugido, chasquido. Estas palabras nombran sonidos. Una puerta puede chirriar cuando se abre. Los leones rugen. Podemos chasquear los dedos. ¿Pueden pensar en otras situaciones en las que se oigan chirridos, rugidos o chasquidos? ¿Qué sonido hace una campana? ¿Y una puerta que se cierra? ¿Y las abejas? Cierren los ojos. ¿Qué oyen en el salón de clases?

Detalles clave
¿Qué dos sonidos pueden mencionar?

Tacto

Tocamos las cosas con los dedos, pero podemos usar cualquier parte del cuerpo para sentir. *Pegajoso, suave, sedoso, áspero, filoso.* Estas palabras describen lo que sentimos cuando tocamos algo. El pegamento es pegajoso. ¿Qué otra cosa puede ser pegajosa? Las plumas son suaves. ¿Qué otra cosa es suave? ¿Cómo es el pelo de un gatito? ¿Y la arena? ¿Qué es más sedoso? ¿Qué es más áspero?

Observar una escena sobre los sentidos

Miren la ilustración del parque. Hay muchas cosas para ver, oler, oír, tocar y saborear. ¿Cuáles son? ¿Cómo las describirían?

Hacer y responder preguntas
¿Qué preguntas tienen acerca de los cinco sentidos?

Género

Texto informativo:
Los textos informativos pueden contener fotografías que sirven para comprender mejor la información.

Miren y aprendan

La naturaleza nos rodea. Es muy divertido observar la naturaleza, pero necesitamos los instrumentos adecuados.

¿Qué necesitamos para observar la naturaleza? En primer lugar, ¡los ojos!

Con los ojos podemos ver muchas cosas. Vemos el color de las plumas de un ave en la laguna. Vemos las grietas en la corteza de un árbol. Vemos los coloridos pétalos de una flor en primavera.

Pero hay muchas cosas que no podemos ver. Y hay instrumentos que nos permiten observar la naturaleza.

¡Miren! Hay una oruga en una hoja. ¡Veámosla de cerca!

¿Qué instrumento necesitamos? ¡Una lupa!

Las lupas hacen que las cosas pequeñas se vean más grandes y con detalles. Con una lupa se pueden mirar pequeños insectos, como una oruga o una hoja muy rara. Con una lupa se pueden apreciar todas las partes de una oruga.

apreciar: observar en detalle

Detalles clave

Pensar en voz alta

Mientras leemos, prestamos atención a los detalles clave del texto y de las fotografías para comprender mejor. Leo que una lupa hace que las cosas pequeñas se vean más grandes. Veo un niño que mira una oruga a través de una lupa. Esto me indica que está viendo la oruga más grande de lo que es.

Rossario/Shutterstock.com

2

¿Cómo funciona una lupa? Las lupas tienen un lente que desvía la luz. Esto hace que las cosas se vean más grandes. Las primeras lupas se inventaron hace miles de años. Se usaban para agrandar letras muy pequeñas y así poder leer. Hoy en día, algunas personas aún leen con lupa.

¡Miren! Hay pichones en un nido. ¡Veamos qué está ocurriendo adentro de ese nido! Pero el nido está en una rama muy alta. Está demasiado lejos como para verlo sin la ayuda de un instrumento.

¿Qué instrumento necesitamos? ¡Binoculares!

Los binoculares sirven para ver cosas que están lejos. Tienen lentes que hacen que las cosas **luzcan** más grandes. Cuando miramos a través de los binoculares, los lentes hacen que las cosas que están lejos parezcan más cercanas.

Los mapaches y otros animales muy interesantes solo salen de noche. ¿Cómo podemos observarlos? Podemos verlos con binoculares para la noche. Estos binoculares tienen lentes especiales que permiten ver en la oscuridad.

Texto informativo
¿Cómo se usan los binoculares? ¿Cómo son? Descríbanlos mirando la fotografía.

Hacer y responder preguntas

Pensar en voz alta

Mientras leemos, podemos hacernos preguntas. Aquí leo que con los binoculares se puede ver a un pichón que está en una rama muy alta. Me pregunto cómo es posible. Cuando sigo leyendo, descubro que los lentes hacen que las cosas que están lejos parezcan cercanas.

luzcan: parezcan

Detalles clave
Los detalles clave de las fotografías sirven para comprender el texto. Miren la fotografía. ¿De qué manera los anteojos protectores permiten ver bajo el agua?

¡Miren! ¡Es una estrella de mar! Veamos qué está pasando bajo el agua.

¿Qué instrumento necesitamos? ¡Anteojos protectores!

Los anteojos protectores sirven para ver bien bajo el agua. Cuando abrimos los ojos bajo el agua, las cosas se ven borrosas. Pero, al ponernos los anteojos protectores, todo se ve más claro. Los anteojos protectores evitan que el agua llegue a los ojos. Eso hace que las cosas se vean con más claridad. Podemos ver los hermosos colores y diseños de un pez que está nadando en las profundidades del océano.

¡Miren! Allá está la Luna. Tiene sombras y algunos puntos más oscuros. ¡Veámosla de cerca!

¿Qué instrumento necesitamos? ¡Un telescopio! Los telescopios hacen que las cosas que están a una gran distancia se vean más cercanas, y más grandes y brillantes. Los científicos miran a través de telescopios para estudiar objetos **distantes** en el cielo nocturno. Al igual que los binoculares, los telescopios tienen lentes que hacen que las cosas parezcan de mayor tamaño.

Hace mucho tiempo, no se sabía qué eran las estrellas. Pero los telescopios **resolvieron** ese misterio. Ahora se sabe que las estrellas son parecidas al Sol.

Todos estos instrumentos sirven para observar la naturaleza. ¡Tenemos que recordar todo lo que hemos aprendido acerca del mundo!

¿Qué instrumentos necesitamos? ¡Un lápiz y un cuaderno!

distantes: muy lejanos

resolvieron: solucionaron

registrar: anotar

Pueden anotar con un lápiz en un cuaderno todo lo que aprendieron sobre la naturaleza. También pueden hacer dibujos de lo que vieron. Es bueno **registrar** las observaciones de la naturaleza. Compartan con sus amigos las cosas que aprendieron. Y sigan observando. ¡Ahora ya saben qué instrumentos necesitan!

Hacer y responder preguntas
¿Qué preguntas tienen sobre los instrumentos que aparecen en esta selección?

Maica/Carmen Martínez Baños/E+/Getty Images

Figuras todo el día

Detalles clave

Pensar en voz alta

Prestaré atención a los detalles clave para adivinar qué es cada cosa. El texto habla de un objeto que es un rectángulo. También dice que se usa para dormir. Yo sé que la cama se usa para dormir. Y tiene forma de rectángulo. Entonces, creo que el objeto es una cama. Prestar atención a estos detalles clave me sirvió para adivinar el objeto. Mientras avanzamos en la lectura, prestemos atención a los detalles clave para adivinar los demás objetos.

brincan: saltan

Texto informativo

¿Qué información dan los rótulos sobre cada fotografía?

Las figuras están por todas partes. Las usamos para comer, sentarnos, viajar y jugar.

Miren las formas de los objetos que aparecen en la imagen de abajo. ¿Saben cómo se llaman esas figuras? ¿Pueden nombrar más objetos que tengan esa forma?

Ahora, escuchen un cuento sobre figuras. Las figuras son pistas que los guiarán para adivinar diferentes objetos.

Un cuento sobre figuras

Es de mañana. Suena el despertador. Miran un círculo que tiene números que indican la hora. Ese círculo se llama _____. (reloj)

Luego, **brincan** del rectángulo donde estaban durmiendo. Es muy suave, y en él están sus peluches favoritos. Este rectángulo se llama _____. (cama)

Triángulo

Rectángulo

Contemplan el cielo desde su ventana y ven un círculo amarillo. ¡Hoy no llueve! Ese círculo se llama _____. (sol)

Ahora, a vestirse. Van a su armario y **extraen** un triángulo del que cuelga su camiseta favorita. Ese triángulo se llama _____. (percha)

¡Es hora de desayunar! Su papá está en la cocina. Hace dar vueltas en el aire un círculo de color tostado que cae en la sartén. Les pregunta si quieren ponerle miel. Ustedes responden:

—¡Sí, claro!

Esa sabrosa comida se llama _____. (panqueque)

Cuando están saliendo, su mamá les **ofrece** un cuadrado de papel. Les dice que lo usen para limpiarse la boca. Este cuadrado de papel se llama _____. (servilleta)

Luego, esperan con su papá un rectángulo amarillo con cuatro círculos en la base, que los llevará a la escuela. Ese rectángulo con cuatro círculos en la base se llama _____. (autobús)

Cuadrado

Círculo

Hacer y responder preguntas

Pensar en voz alta

Mientras leemos, nos hacemos preguntas para comprender mejor el cuento. El texto dice que en el armario hay un triángulo del que cuelga una camiseta. Me pregunto qué tipo de triángulo puede servir para colgar camisetas. Puedo responder mi pregunta. Es una percha.

contemplan: miran

extraen: sacan

ofrece: da

Llegan temprano a la escuela. ¡Hay tiempo para jugar en el patio! Van corriendo a un gran cuadrado lleno de arena. Se sientan adentro y comienzan a construir un castillo. Ese cuadrado se llama _____. (arenero)

Es hora de entrar a la escuela. Su maestra los **invita** a sentarse en un círculo en el piso. El círculo es suave y de muchos colores. Ese círculo se llama _____. (alfombra)

invita: pide

Detalles clave

¿Cuántos triángulos ven en la fotografía? ¿Cómo saben que son triángulos?

Su maestra toma un rectángulo que tiene palabras y dibujos. Da vuelta a una página y comienza a leer. Ese rectángulo se llama _____. (libro)

El cuento trata de las formas.

Su maestra les pregunta: "¿Qué figuras ven todos los días?". ¿Qué responden?

Ahora, miren la fotografía del patio de juegos. Allí hay círculos, triángulos, cuadrados y rectángulos. ¿Qué figuras ven?

Hacer y responder preguntas

¿Qué preguntas pueden hacer acerca de las figuras?

Género

Texto informativo: Los textos informativos pueden tratar sobre lo que hacen las personas reales.

Hacer y responder preguntas

Pensar en voz alta

Cuando leemos, es útil hacernos preguntas sobre las cosas que no entendemos. El texto dice que es posible que ahora mismo yo esté usando una herramienta. Me pregunto qué significa eso. Yo no estoy usando una herramienta. Cuando sigo leyendo, descubro que hay todo tipo de herramientas, y que para cada tarea se usan herramientas diferentes. Yo les enseño. ¿Qué herramienta creen que puedo usar? Sigamos haciéndonos preguntas y tratando de responderlas mientras leemos.

requiere: necesita

Herramientas de trabajo

¿Quieren aprender a usar herramientas? ¡Adivinen qué! Ustedes ya saben usar muchas herramientas. Es posible que ahora mismo estén usando una. Existen muchos tipos de herramientas. Para cada trabajo usamos herramientas específicas.

Ustedes tienen una tarea. Su tarea es ser estudiantes. Vienen a la escuela para aprender. ¿Qué herramientas usan para aprender? Miren a su alrededor en el salón de clases y las verán. ¿Ven libros y revistas? Son herramientas que sirven para obtener información. ¿Ven bloques y rompecabezas? Son herramientas que sirven para aprender a construir cosas y resolver problemas. ¿Quieren hacer un dibujo? Seguramente en el salón de clases hay muchos útiles con los que pueden hacerlo.

Cada tarea **requiere** herramientas específicas. ¿Qué herramientas usarían si tuvieran otra tarea? ¡Vamos a averiguarlo!

1

SerrNovik/iStock/Getty Images

2

La tarea de un doctor es cuidar a las personas para que estén sanas. Seguramente ya conocen algunos de los instrumentos que tienen los doctores para **examinar** a sus pacientes. ¡Los doctores tienen un instrumento diferente para revisar cada parte del cuerpo!

Primero, el doctor revisa cuánto han crecido midiéndolos y pesándolos con una balanza. Es una balanza diferente a las que tenemos en casa.

Después, el doctor les toma la temperatura con un termómetro electrónico. Estos termómetros se colocan en la boca o en la oreja y tienen una alarma que se activa cuando registran la temperatura. Cuando nuestra temperatura es más alta de lo normal, se dice que tenemos fiebre.

Miren la fotografía. ¿Saben cómo se llama este instrumento? Se llama estetoscopio. Se usa para escuchar los latidos del corazón y la respiración.

¿Les pide su doctor o doctora que abran grande la boca y digan "aaah"? Eso lo hace porque quiere mirarles la garganta. Y con una pequeña paleta de madera les baja la lengua. Luego, con una linterna especial, ilumina para ver si tienen **inflamada** la garganta. Estos son solo algunos de los instrumentos que tienen los doctores. ¿Recuerdan algún otro?

examinar: revisar

inflamada: hinchada

Detalles clave

Pensar en voz alta

Cuando leemos, es útil prestar atención a los detalles clave que dan más información sobre el tema. Aquí el texto dice que los doctores tienen un instrumento diferente para revisar cada parte del cuerpo. Eso tiene sentido. Cuando leamos, pensemos para qué sirve cada instrumento y por qué esos instrumentos son necesarios para que estemos sanos.

Texto informativo
Los textos informativos pueden tratar sobre lo que hacen las personas reales. ¿Qué hacen los doctores para verificar que ustedes estén sanos?

3

¿Cuál es su platillo favorito? ¿Los macarrones con queso? ¿El pastel de manzana? Sea cual sea, de seguro un cocinero lo preparó usando varias herramientas. Un cocinero profesional, o chef, es un **experto** que sabe usar **utensilios** para cocinar.

Para medir los ingredientes, los chefs necesitan utensilios. Las tazas y cucharas medidoras sirven para saber cuánta harina y azúcar se debe poner en la masa de un pastel de manzanas o cuánta sal o arroz echar en la sopa. Medir es un paso muy importante al cocinar. ¿Qué pasaría si le pusiéramos demasiada sal a la sopa?

¿Qué otras cosas necesitan los chefs para cocinar? Necesitan utensilios para cortar y picar. La cuchilla sirve para cortar las manzanas para el pastel, o zanahorias para la sopa. Las licuadoras y procesadoras son máquinas que facilitan la tarea de picar muy finos los ingredientes. Las cucharas sirven para revolver los ingredientes y mezclarlos bien. Incluso hay utensilios específicos para cada plato. Para hacer la masa de un pastel de manzanas, podemos usar un palo de amasar. Para rallar queso, podemos usar un rallador.

¡Hay muchísimos utensilios que podemos usar para cada comida!

experto: especialista

utensilios: herramientas de cocina

Detalles clave

Los detalles clave son datos importantes para comprender el texto. ¿Qué herramientas necesita el cocinero para cortar y picar los ingredientes?

Ingram Publishing/SuperStock

Los carpinteros trabajan la madera. Saben hacer muebles. Las sillas y las mesas generalmente están hechas de madera. Los carpinteros incluso pueden construir una casa totalmente de madera. ¿Qué más necesitan, aparte de la madera? ¡Herramientas!

Los muebles de madera están hechos de piezas de madera más pequeñas. Al igual que los chefs, lo primero que hacen los carpinteros es medir. Los chefs usan tazas medidoras. Los carpinteros usan reglas para medir el largo y el ancho de las tablas de madera. Si no midieran, los estantes o las mesas podrían salir demasiado altos o demasiado bajos, o tan desparejos que las cosas se caerían.

Luego, cortan las tablas para que tengan el tamaño adecuado. Los chefs cortan los ingredientes con cuchillas. Los carpinteros cortan la madera con sierras. Después, unen las tablas con clavos y un martillo. Las herramientas de los carpinteros sirven para que los muebles sean fuertes y bonitos.

Si no tuviéramos herramientas, nuestras tareas serían mucho más difíciles ¡y menos divertidas!

Hacer y responder preguntas

¿Qué preguntas tienen acerca de las herramientas con las que los carpinteros fabrican los muebles?

Género

Texto informativo: Los textos informativos tratan sobre personas, lugares o sucesos reales. A veces explican cómo las personas hacen determinadas cosas.

Hacer y responder preguntas

Pensar en voz alta

Cuando leemos, es útil hacernos preguntas sobre las cosas que no entendemos del todo. En este texto se dice que hace muchos años era muy común que las personas arrojaran basura por ventanilla de su carro. Hoy en día, sabemos que debemos usar cestos de basura. Me pregunto a qué se debe ese cambio. Intentemos responder esta pregunta durante la lectura.

publicitarios: con anuncios

Lady Bird limpia el país

¿Saben qué es un *litterbug*? *Litterbug* significa "insecto de la basura" en inglés. Hace mucho tiempo, cuando los abuelos de ustedes eran pequeños, Estados Unidos era un lugar mucho más sucio de lo que es ahora. En especial las carreteras y las autopistas. Las personas que viajaban en carro arrojaban basura por las ventanillas. Con todas esas botellas, latas y desechos, las carreteras parecían basureros. A las personas que arrojaban basura se les decía *litterbugs*.

¡Y había muchos! ¿Por qué? Las personas no *querían* que las calles fueran feas. En esa época, no se les pasaba por la cabeza que al arrojar basura estaban haciendo que el mundo fuera menos bonito. Y la basura no era lo único que volvía desagradables las carreteras. Había grandes carteles **publicitarios** que tapaban la vista de las montañas y otros hermosos paisajes.

1

Hizo falta que llegara una persona especial para que todo eso cambiara. Su nombre era Claudia, pero todos le decían Lady Bird. Lady Bird se crió al este de Texas, con su padre y su tía. Cuando era una niña, lo que más le gustaba era estar al aire libre, en contacto con la naturaleza. Adoraba explorar los bosques y salir a remar en su canoa, rodeada de plantas y árboles. Pero su lugar favorito eran los campos de flores silvestres. Sus preferidas eran los lupinos, las flores oficiales de Texas. Lady Bird decía que le daban un inmenso **placer** a su corazón. Más tarde diría: "Donde florecen las flores, florece la esperanza".

Durante su juventud, Lady Bird se casó con Lyndon Baines Johnson. En 1963, Lyndon se convirtió en presidente de Estados Unidos, y Lady Bird, en primera dama.

Todas las primeras damas eligen un proyecto para llevar adelante. Siempre se trata de cosas que **benefician** al país.

placer: gran alegría

benefician: ayudan

Hacer y responder preguntas

¿Qué preguntas tienen acerca de lo que hará Lady Bird como primera dama? Piensen en el problema de los litterbugs *y las carreteras sucias sobre el que acabamos de leer. ¿Qué utilidad tendrá esa información para responder sus preguntas?*

Estructura del texto: secuencia

Pensar en voz alta

Cuando leemos, es útil prestar atención a la secuencia, es decir, al orden en que ocurrieron los sucesos. Aquí leo que lo primero que hizo Lady Bird fue decidir limpiar las carreteras. Luego, trabajó junto a otras personas para encontrar el mejor modo de hacerlo. Palabras como primero *y* luego *me permiten saber el orden en que estos sucesos ocurrieron. Me pregunto qué hizo a continuación para limpiar la carretera.*

ley: regla que vale en una ciudad o un país

Lady Bird se preguntaba: "¿Qué debo hacer? ¿Qué me importa de verdad? ¿En qué podría ayudar yo a Estados Unidos?".

Entonces Lady Bird recordó su infancia en la naturaleza. Pensó en las flores silvestres que amaba. Y se le ocurrió que todos podrían sentir esa alegría. Pero ¿cómo podría hacer posible algo así? Era hora de poner manos a la obra.

Primero, decidió que era hora de limpiar las carreteras sucias y convertir los caminos de Estados Unidos en un lugar hermoso.

Luego, trabajó junto a muchas personas para hallar la mejor manera de limpiar las autopistas. Algunas de esas personas trabajaron específicamente para crear una nueva ley que decía que era necesario limpiar las autopistas. El proyecto se llamó Ley de Embellecimiento de Autopistas. Se convirtió en ley en 1965. Lady Bird estuvo presente cuando Lyndon Johnson firmó esa nueva ley.

Enseguida, muchos trabajadores salieron a limpiar. Se juntó la basura. Se retiraron los carteles publicitarios.

Después se plantaron árboles y se sembró césped. También se plantaron plantas **autóctonas** con flores silvestres a lo largo de muchas rutas.

Por último, se le pidió a la población que por favor *no* arrojara basura por las ventanillas. Las personas empezaron a comprender que arrojar basura dañaba el paisaje.

"Mantengamos limpio el país" y "No sea un *litterbug*" se convirtieron en frases famosas. ¡Y funcionaron! Hoy en día, no es muy común que alguien arroje basura por la ventanilla.

En la actualidad, los niños y los adultos que viajan por las autopistas disfrutan de nuevo de la vista de los hermosos paisajes de nuestro país. Y admiran las hermosas flores silvestres al costado del camino. Todo lo que se necesitaba era una extraordinaria primera dama y la ayuda de muchas otras personas que trabajaron activamente para lograrlo.

Estructura del texto: secuencia
¿Qué fue lo último que hicieron los trabajadores para embellecer las autopistas?

autóctonas: del lugar

Texto informativo
¿De qué manera ayudó Lady Bird a limpiar las autopistas?

Género

Texto informativo: Un texto informativo puede dar información sobre el modo en que se hacen las cosas.

¡Bomberos al rescate!

¡Uuuu-ii-uu! ¡Uuuu-ii-uu! Es la sirena de un camión de bomberos. ¡Su sonido inunda la calle! El enorme camión rojo pasa a toda velocidad con sus luces rojas y blancas que parpadean. ¡Hay una emergencia en el vecindario, y los bomberos van al rescate!

Los bomberos están entre las personas que más ayudan en una comunidad. Cuando alguien tiene un problema, desde un brazo roto hasta un incendio en un edificio, siempre hay un bombero listo para solucionarlo. Pero incluso cuando no hay una emergencia, los bomberos están ocupados.

¿Qué tareas hacen los bomberos? ¡Sigamos a algunos bomberos en un día de trabajo y averigüémoslo!

Texto informativo
¿De quiénes trata esta selección? ¿Qué tareas importantes hacen?

4x6/iStock/Getty Images

sustancioso: abundante

simulacros: imitaciones

inspeccionar: controlar

Estructura del texto: secuencia

Pensar en voz alta

Cuando leemos, es útil prestar atención a la secuencia, es decir, al orden en que ocurren los sucesos. Palabras como primero, después, luego *y por último* indican una secuencia. Leo acerca de lo que hacen los bomberos en un día de trabajo. Primero, llegan al trabajo y desayunan. Luego, revisan su equipo. Mientras leemos, prestemos atención al orden en que los bomberos hacen sus tareas.*

Primero, por la mañana, los bomberos llegan a la estación justo a tiempo para un **sustancioso** desayuno. ¡Qué delicioso! Luego, revisan los camiones y el equipo para comprobar que nada se haya roto. Deben estar seguros de que las bombas de agua y las mangueras funcionan bien para poder usarlas si ese día tienen que apagar un incendio. Luego, limpian la estación. ¡Sí, hasta los bomberos tienen que barrer y lavar los platos!

Después de hacer un poco de ejercicio físico, los bomberos practican **simulacros** para recordar qué hacer en diferentes tipos de emergencias. Luego, cuando terminan con los quehaceres, los bomberos se ocupan de su tarea especial del día. Por ejemplo, pueden ir a una escuela a dar una charla para que los niños aprendan las reglas de seguridad contra incendios. ¿Ustedes conocen las reglas *parar, echarse al suelo y rodar?* ¡Los bomberos se las enseñarán!

Después, los bomberos pueden ir a **inspeccionar** edificios para comprobar que sean seguros en caso de incendio. Los bomberos revisan las puertas de salida y los matafuegos.

Visualizar

Pensar en voz alta

Cuando leemos, es útil visualizar, es decir, imaginar lo que se dice en el texto. Aquí se dice que los bomberos dejan todo lo que están haciendo y entran en acción. Estas palabras me muestran qué rápido reaccionan los bomberos cuando escuchan la alarma. ¡Los imagino dejando todo donde está para salir corriendo!

Estructura del texto: secuencia

¿Qué es lo primero que hacen los bomberos cuando escuchan la alarma?

hidrante: equipo que da agua rápidamente

También se aseguran de que los planos de seguridad que están en los edificios sean claros para guiar a las personas durante una emergencia.

Por supuesto que si hay una verdadera emergencia en cualquier momento del día, los bomberos dejan todo lo que están haciendo y entran en acción.

Primero, se enciende la alarma. Los bomberos corren al camión de bomberos. A veces se deslizan por un tubo para ir más rápido. Luego, se ponen los uniformes, guardan las mangueras en el camión y entran. Al final, encienden la sirena. *¡Uuuu-ii-uu!* ¡Ya van en camino!

Muy pronto los bomberos llegan al incendio. Sacan las mangueras. Si hay un **hidrante** cerca, los bomberos conectan las mangueras allí y obtienen un potente chorro de agua.

Pero ¡un momento! Podría haber alguien atrapado en el edificio. Los bomberos tienen que entrar. Para eso se ponen máscaras y trajes especiales. A veces tienen que romper las puertas con un hacha. Los bomberos revisan el edificio de punta a punta para estar seguros de que no haya nadie.

Después de **extinguir** el incendio, los bomberos vuelven a la estación. Ahora conducen a una velocidad normal y la sirena está apagada. Aunque la emoción ya pasó, el día todavía no termina. Quizás sea la hora de almorzar. Luego, si no tienen trabajo que hacer en la comunidad, hacen ejercicio físico. Los bomberos deben estar en forma. ¡Para llevar ese equipo tan pesado hace falta tener buenos músculos! Los bomberos están ocupados todo el día.

La tarea principal de los bomberos es cuidar que la comunidad esté segura. ¡Día y noche los bomberos están listos para ayudar!

4

Visualizar

¿Cómo visualizan a los bomberos al regresar a la estación de bomberos después del incendio? ¿En qué se diferencia esta situación de cuando estaban yendo al incendio?

extinguir: apagar

Purestock/SuperStock

Tema principal y detalles clave

Pensar en voz alta

Sé que el tema principal es el tema del que trata el texto. En la primera parte del texto se dice que hay muchos tipos de árboles y cada uno tiene particularidades. Creo que este es el tema principal. Luego, leo que se explicarán algunas características especiales de los árboles. Creo que esos serán los detalles clave. Mientras leo, prestaré atención a esos detalles para saber más sobre el tema principal.

particularidades: características propias

Árboles de todo tipo

¡Árboles, árboles y más árboles! Los árboles crecen en muchos lados. Suelen tener un tronco muy alto de madera del que salen las ramas. Tienen raíces que crecen hacia abajo de la tierra. Pero al igual que ustedes y sus amigos, los árboles no son todos iguales. Hay todo tipo de árboles. Cada uno tiene sus **particularidades**. Vamos a dar un vistazo a cuatro tipos de árboles para averiguar qué los hace especiales.

¿Les gustan las manzanas? ¡Qué delicia! Pero las manzanas no brotan del manzano así como así. Pueden pasar dos o tres años hasta que el árbol dé esas sabrosas frutas. ¿Cómo crecen los manzanos? Cuando comemos una manzana y llegamos al corazón, encontramos semillas. Cada pequeña semilla de color café es el origen de un manzano.

1

Bildagentur Zoonar GmbH/Shutterstock.com

2

Las semillas se siembran en la tierra. Y si las regamos y nos aseguramos de que el sol les dé calor, un tallo verde brotará de la tierra. Con el tiempo, ese tallo se convertirá en un firme tronco de madera con ramas, y en las ramas tendrá hojas. En primavera, el manzano florece. Sus flores son blancas o rosadas. Cuando las flores se caen, empiezan a crecer las manzanas. Sus frutas deliciosas y sus hermosas flores hacen que el manzano sea uno de los árboles más conocidos.

El eucalipto arcoíris es un árbol único, porque tiene rayas de colores en el tronco y en las ramas. Parece como si alguien lo hubiera pintado con colores vivos, pero en realidad crece así naturalmente. La suave corteza del eucalipto arcoíris se **desprende** a medida que crece, y una nueva corteza de color verde brillante aparece. Con el tiempo, la corteza verde brillante se desgasta y se vuelve de color verde oscuro, morado, anaranjado, rosado, rojo y café. ¡Un verdadero arcoíris de colores!

desprende: despega

Volver a leer

Pensar en voz alta

Si no entendemos una parte del texto, podemos volver a leer la parte anterior. Aquí dice que las manzanas empiezan a crecer cuando se caen las flores. Pero ¿los manzanos no tienen siempre manzanas? Voy a volver a leer para averiguarlo. Veo que se dice "Pueden pasar dos o tres años hasta que el árbol dé esas sabrosas frutas". Ahora entiendo por qué se dice que las manzanas están empezando a crecer.

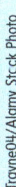

3

Idea principal y detalles clave

¿Qué característica hace que la secuoya sea un árbol único?

ancho: tamaño de un lado al otro

aumentan: crecen

¿Pueden adivinar por qué la secuoya gigante es un árbol único? La clave está en su nombre. Las secuoyas gigantes son los árboles más grandes que existen. A diferencia de otros árboles, viven miles de años. Pero al igual que otros árboles, nacen de una semilla que se convierte en un pequeña plantita.

Al crecer, la altura y el **ancho** de las secuoyas gigantes **aumentan** rápidamente. La secuoya gigante más grande que existe en la actualidad pesa 642 toneladas. ¡Su peso es igual al de 107 elefantes! Pueden llegar a ser tan altas como un edificio de 26 pisos.

Otro árbol gigante es el baobab. Los baobabs no tienen hojas durante casi todo el año. Sus ramas se extienden hacia arriba y son parecidas a las raíces que crecen en la parte de abajo del árbol. Es por eso que a estos árboles de aspecto tan raro a veces se los llama "árboles **invertidos**".

Otra característica única del baobab son las bellas flores blancas que brotan cuando florece. Para ver esta asombrosa y rara vista hay que trepar a la copa del árbol. Y hay que asegurarse de llevar una cámara de fotos con flash, porque la flor del baobab solo se abre de noche.

Texto informativo
¿Con qué detalles se describe al baobab?

Volver a leer
¿Por qué a los baobabs se los llama "árboles invertidos"? Vamos a volver a leer el primer párrafo para averiguarlo.

invertidos: dados vuelta

Hay miles de tipos de árboles en el mundo. Al igual que las personas, los árboles tienen características específicas que los hacen únicos. Algunas veces, estas características aparecen después de años. Y a veces, aparecen solo por un día. ¿Qué características hacen especiales a los árboles que ustedes conocen?

Género

Texto informativo: Los textos informativos pueden presentar una secuencia, es decir, una serie de sucesos en el orden en que ocurrieron.

Volver a leer

Pensar en voz alta

Sé que puedo hacer una pausa para volver a leer el texto si hay algo que no entiendo. Al principio no entendía por qué los granjeros siembran las semillas en un invernadero en vez de sembrarlas en la tierra. Después, volví a leer este párrafo y entendí que los granjeros lo hacen porque en invierno la tierra está congelada.

seleccionan: eligen

Tim Robbins/Alamy Stock Photo

Un año en la granja

Invierno, primavera, verano, otoño. En cada estación del año, los granjeros tienen tareas diferentes para producir los alimentos que luego llegan a nosotros. ¿Cuáles son esas tareas? ¿Cuándo las hacen los granjeros? Veamos qué sucede durante las cuatro estaciones para averiguarlo.

En las granjas hay trabajo durante todo el año. En invierno, los granjeros se sientan en una mesa muy grande y **seleccionan** semillas. Eligen las más sanas para sembrarlas y hacer que crezcan para convertirse en alimentos, como frijoles, lechuga, maíz, zanahorias y bayas.

Una vez que los granjeros eligen las mejores semillas, se dedican a sembrarlas. Pero en invierno la tierra está congelada y muy dura, así que los granjeros las siembran en un invernadero muy grande y cálido. Un invernadero es como una casa hecha de vidrio. El vidrio permite que entre luz solar todo el día. En tan solo algunas semanas, el sol hará que la semilla se transforme en una pequeña planta. ¡Muy pronto, el invernadero estará repleto de plantitas!

1

Pasan algunas semanas. La tierra congelada comienza a descongelarse. La temperatura se vuelve más agradable. Los granjeros miran el almanaque: ¡es primavera! Es el momento de sacar las plantitas del invernadero y plantarlas en el campo.

Lo primero que deben hacer los granjeros es asegurarse de que el suelo del campo está listo para plantar. Esto significa que hay que arar, es decir, romper la parte dura del suelo. Para hacer eso, los granjeros tienen tractores.

Después, los granjeros plantan las plantitas en grupos. Un grupo estará formado por plantas de calabaza. Otro grupo se convertirá en hileras de sabrosas zanahorias y altos maizales.

Durante la primavera, los granjeros se dedican a regar y a sacar las malas hierbas para que las plantas tengan espacio para crecer. Las raíces de las plantas crecen debajo de la tierra. De los tallos salen hojas verdes que absorben la luz solar. A medida que pasan los días, las pequeñas plantas se hacen cada vez más fuertes y más grandes.

Texto informativo
En primavera, los granjeros trasladan las plantitas del invernadero al campo. ¿Qué hacen primero? ¿Qué hacen después?

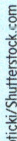

3

Tema principal y detalles clave

Pensar en voz alta

Sé que el tema principal es el tema del que trata la selección. El tema principal de este texto es lo que ocurre en la granja en cada estación del año. En esta página, aprendo que durante el verano los granjeros instalan redes y cercos para que los animales no se coman las frutas y verduras. Ese es un detalle clave que me da información sobre el tema principal. Mientras leo, presten atención para encontrar más detalles clave.

plagas: insectos dañinos

instalan: colocan

cosecha: recogida de frutos que se han sembrado y cuidado

Después, llega el verano. Los granjeros deben cuidar que las plantas sigan creciendo sanas. Se aseguran de que tengan la cantidad de agua que necesitan durante las horas calurosas del verano. Cuidan que no haya plagas. Instalan redes y cercos para que los animales no se coman las frutas y verduras. Ponen abono en la tierra para mejorarla y que las plantas puedan crecer mejor.

Durante el verano, muchas plantas están listas para la cosecha. Los granjeros cosechan frijoles, bayas, maíz y lechuga. ¡Las zanahorias y las papas se sacan de abajo de la tierra! Las plantas de calabaza extienden larguísimos tallos parecidos a enredaderas de donde salen las calabazas. ¡Algunas son tan grandes como pelotas de baloncesto!

Después del verano llega el otoño. Ahora las plantas están llenas de frutos deliciosos. El tiempo es más frío. Los granjeros tienen que cosechar primero las plantas que pueden **helarse**. Los granjeros venden frijoles y lechuga en los mercados de productores locales. También venden la jalea que fabrican con las bayas. Suelen poner un gran cartel que dice "Elige la calabaza que quieras". Las familias llegan buscando las mejores y más grandes calabazas para llevarse a su casa.

Cuando termina el otoño, vuelve el invierno. Muy pronto, los granjeros volverán a sentarse alrededor de la mesa para seleccionar las mejores semillas para sembrar. ¡En la granja hay trabajo todo el año!

4

Tema principal y detalles clave

El tema principal de esta sección es lo que ocurre en la granja en otoño. ¿Qué detalles clave indican qué ocurre?

Volver a leer

¿Por qué los granjeros seleccionan las semillas? ¿Qué parte del texto pueden volver a leer para averiguarlo?

helarse: congelarse

Género

Texto informativo:
Las fotografías y las gráficas pueden brindar información que no está en el texto.

adorables: muy bonitos y dulces

Volver a leer

Pensar en voz alta

Cuando no entendemos algo que leemos, puede ser útil ir hacia atrás y volver a leer la parte que leímos antes. En el texto se dice que los oseznos toman la leche de su mamá hasta la primavera, pero no dice cuándo empiezan a tomar. Leamos otra vez este párrafo. Ah, aquí dice que los oseznos nacen en invierno. Entonces, toman la leche de su mamá desde el invierno hasta la primavera.

Los animales bebé son parecidos y diferentes

Algunos son peludos y otros tienen plumas; unos tienen la piel arrugada y otros la tienen áspera... pero todos tienen una cosa en común: ¡los animales bebé son adorables! Piensen en algunos que conozcan. ¿Parecen iguales? ¿En qué no lo son? Los animales bebé pueden ser parecidos en algunas cosas y diferentes en otras. Veamos cuatro tipos de animales bebé y aprendamos más sobre ellos.

Algunos animales bebé tienen nombres especiales. ¿Cómo se llama un oso bebé? ¡Osezno! Los bebés de osos pardos nacen en invierno. Son muy pequeños en ese momento: pesan apenas alrededor de una libra. No pueden ver y no tienen pelo. Pero los oseznos toman la leche de su mamá hasta la primavera y crecen rápido. Luego, comen bayas, nueces y hojas. Los oseznos viven con su mamá durante dos años y medio, pero luego prefieren vivir solos.

Dmitriy Kostylev/Shutterstock.com

122 Texto informativo

2

¿Sabían que los osos pardos pueden escalar árboles? Pero solo cuando son oseznos. Los osos de este tipo pueden llegar a pesar 1,000 libras cuando son adultos. ¡Son demasiado pesados para escalar árboles!

A diferencia de los osos bebé, que solo pesan una libra, los bebés de elefante son muy grandes: ¡pesan cerca de 220 libras al nacer! Toman la leche de su mamá durante más tiempo que los oseznos: entre seis meses y un año y medio. Luego, comen hojas, ramas, frutas, césped y corteza de los árboles.

A los osos bebé solo los cuida su mamá. En cambio, los bebés de elefante viven en manadas de elefantes hembras. Todas ayudan a cuidarlos: las hermanas, las tías y las primas ayudan a las madres a mantenerlos a salvo. Al crecer, los elefantes africanos se convierten en los animales terrestres más grandes del mundo. Pero cuesta mucho trabajo ser tan grande: ¡los elefantes pasan 16 horas al día comiendo!

Texto informativo
¿Qué información da la foto acerca de los elefantes bebé? ¿Qué información brinda que no está en el texto?

Estructura del texto: comparar y contrastar

Pensar en voz alta

Cuando leemos, es útil comparar, es decir, pensar en qué se parecen las cosas. En el texto se dice que los elefantes bebé y los oseznos toman la leche de su mamá. También es útil contrastar las cosas, es decir, pensar en las diferencias. Aquí leo que a los oseznos solo los cuidan sus madres. A los bebés de elefante, además, los cuidan otras hembras de la manada.

Jean-François Ducasse/Alamy Stock Photo

3

¿Pueden adivinar el nombre de un pingüino bebé? Se lo llama *polluelo*. Al igual que otras aves, los pingüinos nacen de un huevo. Normalmente, la mamá pingüino pone uno o dos huevos por vez. Cuando los polluelos están listos para salir del huevo, rompen el cascarón con su pico. Pueden tardar algunos días en hacerlo. Algunos polluelos tienen muy pocas plumas; entonces, sus padres se paran muy juntos y los rodean, para protegerlos del sol y del frío.

A diferencia de los oseznos y de los bebés de elefante, que toman la leche que les da su mamá, los polluelos comen el alimento que les dan su papá y su mamá. Los padres mastican la comida primero, para asegurarse de que esté blanda para el bebé. Hacen esto hasta que los polluelos crecen y pueden buscar comida por sí solos. A los pingüinos les gusta comer pescado y otras **criaturas** marinas. Aunque la mayoría de las aves tiene alas para volar, los pingüinos no pueden hacerlo. En cambio, tienen aletas especiales que les sirven para nadar y hallar comida.

Al igual que los polluelos de los pingüinos, los caimanes bebé nacen de un huevo. La mamá caimán hace un gran nido en la tierra. Luego, cubre el nido con hojas y lodo para protegerlo.

criaturas: seres vivos

Volver a leer
¿Por qué los pingüinos nadan para hallar su comida? Leamos otra vez esa parte para averiguarlo.

Cuando el pequeño caimán está listo para nacer, hace un ruido fuerte para **alertar** a su mamá. Entonces, la mamá **despeja** lo que cubría el nido y los bebés rompen el cascarón para salir del huevo. Usan un diente especial que tienen en la punta del hocico, llamado *diente de huevo*. A diferencia de los pingüinos, los caimanes nacen junto con muchos hermanos y hermanas. La mamá puede poner más de 50 huevos a la vez. Los bebés son débiles, y por eso las madres deben protegerlos durante el primer año.

Durante su crecimiento, los caimanes bebé comen caracoles, gusanos, insectos, peces y aves. Parecen **feroces**, pero también se asustan. Hacen un sonido especial para llamar a la mamá cuando necesitan ayuda. Tardan dos años en crecer, y cuando ya son adultos miden seis pies de largo.

Los oseznos, los polluelos y los bebés de elefante y de caimán son parecidos en algunas cosas y son diferentes en otras. Se parecen en que todos los animales bebé crecen hasta ser adultos. ¡Pronto serán mamás y papás de otros animales bebé como ellos!

alertar: avisar

despeja: limpia, quita

feroces: muy malos

Estructura del texto: comparar y contrastar
¿En qué se parece la manera en que nacen los bebés de caimán y los bebés de pingüino? ¿En qué se diferencia?

4

NPSPhoto

Género

Texto informativo: Los textos informativos brindan información sobre un tema mediante textos, fotografías o ilustraciones.

Tema principal y detalles clave

Pensar en voz alta

Cuando leemos un texto informativo, es útil pensar en el tema principal, es decir, de qué se trata el texto. En esta parte dice ¿Qué es un día festivo nacional? ¿Por qué lo celebramos? Creo que este es el tema principal. En el resto del texto se presentarán detalles clave para responder estas preguntas. Sigamos leyendo y prestemos atención a los detalles clave que indican qué es un día festivo nacional y por qué lo celebramos.

nacionales: de todo el país

Texto informativo
¿Qué pista da esta fotografía acerca de por qué homenajeamos a Martin Luther King, Jr.?

¡Nuestro país celebra!

¿Les gustan los desfiles? ¿O los fuegos artificiales? ¿Y comer comida deliciosa? Todas estas son cosas que la gente hace para celebrar los días festivos **nacionales**. Pero, ¿qué *es* un día festivo nacional? ¿Por qué lo celebramos? Los días festivos nacionales son días especiales que nuestro país celebra cada año. Los celebramos para recordar personas y sucesos importantes que ayudaron a formar nuestro país.

La primera fiesta nacional que celebramos en el año es el día de Martin Luther King, Jr., el tercer lunes de enero. Ese día, celebramos la vida del Dr. Martin Luther King, Jr. El Dr. King se esforzó mucho para que nuestro país sea un lugar justo para todos los que viven aquí. Él creía que todas las personas debían ser libres. Este día, miramos y escuchamos las grabaciones de los discursos famosos del Dr. King.

1

AFP/Getty Images

2

homenajear: demostrar
respeto y cariño

ceremonias: festejos

Volver a leer

Pensar en voz alta

Recuerden que pueden volver a leer el texto cuando encuentran algo que no entienden. Aquí dice que las personas ayudan a otros miembros de su comunidad para homenajear al Dr. King. Me pregunto por qué hacen eso. Voy a volver a leer la parte anterior. Allí dice que el Dr. King se esforzó por hacer que nuestro país sea un lugar justo para todos. Eso explica por qué las personas ayudan a otros para homenajearlo.

Para **homenajear** al Dr. King, a la gente le gusta ayudar a otros miembros de su comunidad, tal como él lo hacía. Algunos les sirven comida a las personas que pasan hambre o ayudan a los niños a hacer la tarea en las bibliotecas. El día de Martin Luther King, Jr., es un buen día para recordar que es una gran idea que todas las personas se lleven bien y se cuiden unas a otras.

Un mes después, el tercer lunes de febrero, celebramos otra fiesta nacional: el Día de los Presidentes. Este día homenajeamos a todos los presidentes de nuestro país, desde el primero hasta el último. Recordamos especialmente la vida de dos presidentes que ayudaron a que Estados Unidos sea un país fuerte y unido: George Washington y Abraham Lincoln. Por lo general, las escuelas cierran y se celebran **ceremonias** públicas en la ciudad en la que viven los presidentes: Washington, D. C. Antes, al Día de los Presidentes se lo conocía como el Cumpleaños de Washington, porque se celebraba el día en que George Washington nació. Luego, se cambió el nombre para poder homenajear a otros presidentes. ¡Feliz cumpleaños a todos nuestros presidentes!

3

**Tema principal
y detalles clave**

*¿Qué detalles explican
por qué celebramos el
Cuatro de Julio?*

independencia: libertad

desembarcaron: salieron
del barco

Algunos meses más tarde, nuestro país celebra otra fecha especial: ¡el Cuatro de Julio! Este día festivo nacional también se llama Día de la **Independencia**, porque recuerda el día en que nuestro país se convirtió en una nación separada, con su propio presidente y gobierno. Hoy en día, elegimos a quienes creemos que pueden gobernar mejor el país.

Para celebrar, en este día muchos negocios cierran sus puertas y se hacen desfiles en las ciudades y los pueblos. La gente hace pícnics en los parques y, más tarde, cuando oscurece, en muchos lugares se hacen emocionantes espectáculos de fuegos artificiales. ¡Bum! El cielo se llena de luces de colores para recordar las batallas que hicieron que Estados Unidos ganara la guerra por nuestra independencia.

Otra fiesta nacional importante es el Día de Acción de Gracias. Hace mucho tiempo, un grupo de personas, conocidas como peregrinos, salieron en barco de un país llamado Inglaterra y cruzaron el océano Atlántico. Las personas que vivían en el lugar en que **desembarcaron**, los wampanoag, los ayudaron a cultivar alimentos.

Celebramos el Día de Acción de Gracias para recordar la primera gran comida que compartieron los peregrinos y los wampanoag. En este día, familiares y amigos se reúnen alrededor de la mesa para comer muchas de las comidas que se compartieron aquel día, hace mucho tiempo. Comemos pavo, frijoles, maíz y calabaza. Es un día en el que damos gracias por todo lo que nos alegra.

Celebrar los días festivos nacionales es una manera de que toda la nación comparta recuerdos especiales. Recordamos a las personas y a los sucesos que hicieron que nuestro país sea grande. Las fiestas nacionales son importantes, pero también son divertidas. La próxima vez que celebren, piensen en toda la gente a lo largo del país que también estará celebrando. Los días festivos nacionales nos reúnen a todos, ya sea cuando marchamos en un desfile, miramos fuegos artificiales o disfrutamos de una deliciosa comida. ¡Celebremos!

Volver a leer
¿Quiénes son los peregrinos y los wampanoag? Volvamos a leer la primera parte de esta sección para recordarlo.

kali9/E+/Getty Images

Género

Texto informativo: Un texto informativo puede tener ilustraciones. Las ilustraciones brindan información adicional acerca del tema.

Visualizar

Pensar en voz alta

Recuerden que podemos visualizar para comprender mejor el texto. Es decir, podemos crear una imagen en nuestra mente a partir de las palabras que leemos. Aquí se dice que algunos dinosaurios eran tan largos como camiones de basura. Trato de visualizar un dinosaurio al lado de un camión de basura. Esto me da una idea de lo grande que era. Continuemos visualizando mientras leemos acerca de estas fascinantes criaturas.

atentos: amables

carnívoros: que comen carne

¡Los dinosaurios son diferentes!

Hace mucho, muchísimo tiempo, unas increíbles criaturas llamadas *dinosaurios* vivían en la Tierra. Algunos dinosaurios eran tan largos como camiones de basura. Algunos tenían cola; otros tenían escamas. Algunos tenían plumas; otros tenían cuernos. Vamos a conocer cuatro dinosaurios. Veamos en qué se parecen y en qué se diferencian.

El poderoso tiranosaurio rex es uno de los dinosaurios más conocidos. Los tiranosaurios eran feroces. Pero los científicos creen que en realidad eran padres muy **atentos** que cuidaban a sus bebés. Se cree que el tiranosaurio fue uno de los más grandes dinosaurios **carnívoros**. Era un dinosaurio gigantesco, de alrededor de 40 pies de largo y 12 pies de alto. Ese es el tamaño aproximado de un autobús escolar.

El tiranosaurio tenía patas fuertes y cola grande. Sus brazos terminaban en dos garras. Su mandíbula era tan poderosa que podía triturar huesos mientras comía. ¡Crac!

El tiranosaurio comía otros dinosaurios y otros animales. Con sus enormes y afilados dientes podía masticar más de 500 libras de comida en un solo bocado. Esta bestia salvaje era enorme, pero, aunque no lo crean, sus brazos eran demasiado cortos como para llegar a su boca.

En otro lugar del mundo vivía el triceratops. El triceratops se llama así porque *tri-* significa "tres", y este dinosaurio tenía tres cuernos en la cabeza. También tenía, sobre la cabeza, una gran pieza **ósea** llamada *gola*. El triceratops medía aproximadamente 30 pies de largo. Era un poco más pequeño que el tiranosaurio. Tenía cuatro patas fuertes y un cuerpo pesado. Su gigantesca cabeza era una de las más grandes de todos los animales **terrestres** que han vivido en el mundo. ¡Y en su poderosa boca tenía 800 dientes! Pero, a diferencia del tiranosaurio, el triceratops usaba sus fuertes dientes para masticar plantas en lugar de carne. Probablemente, el triceratops no era un gran luchador. Por eso, también se lo conoce como "el gigante amable".

3

El estegosaurio tenía casi el mismo tamaño que el triceratops. Pero no tenía cuernos en la cabeza. En lugar de eso, tenía dos filas de picos planos que iban desde la nuca hasta la punta de la cola. Se cree que con estos picos podían **reconocerse** entre sí.

Al igual que el triceratops, el estegosaurio comía plantas en lugar de carne. Pero a diferencia del triceratops, el estegosaurio no tenía una boca poderosa. Tenía una trompa con dientes pequeños y débiles.

¡Aunque no lo crean, ustedes pueden masticar con más fuerza que un estegosaurio! Por otro lado, algunos científicos creen que, como sus patas tenían distinto tamaño, no podía correr muy rápido. ¡Si ustedes le corrieran una carrera a un estegosaurio, podrían llegar a ganarle!

reconocerse: notar algo conocido

Estructura del texto: comparar y contrastar

¿En qué se parecen el estegosaurio y el triceratops? ¿En qué se diferencian?

El apatosaurio fue uno de los animales terrestres más grandes. Medía entre 75 y 85 pies de largo. Este es aproximadamente el tamaño de una piscina de natación o una cancha de tenis. El apatosaurio medía casi el doble que el tiranosaurio.

A diferencia del tiranosaurio, el apatosaurio tenía una cabeza pequeña comparada con su cuerpo. Este dinosaurio es fácil de reconocer por su cuello extremadamente largo y por su cola larga y fina. Al igual que el triceratops y el estegosaurio, el apatosaurio no comía carne. Algunos científicos creen que necesitaba comer casi 900 libras de plantas por día para sobrevivir. Ese es el peso aproximado de un oso polar.

Hoy en día no hay dinosaurios vivos. Y no sabemos todo lo que hay que saber acerca de los dinosaurios, pero los científicos descubren cada vez más cosas acerca de ellos. Los dinosaurios no son todos iguales, pero hay algo que tienen en común: ¡todos son increíbles!

Visualizar

Cierren los ojos y visualicen una gran piscina de natación. Luego, imaginen que el apatosaurio tiene el mismo tamaño. ¿De qué otra forma pueden visualizar a este dinosaurio?

Género

Texto informativo:
Un texto informativo puede tener fotos para dar información sobre lugares y cosas.

Hecho por la naturaleza

Miren las cosas que los rodean ahora mismo. Seguramente vean ropa, libros y muebles. ¿Alguna vez se se han preguntado de qué están hechas todas esas cosas? Muchos de los objetos que usamos todos los días están hechos con recursos naturales. ¿Qué es un recurso natural? Es algo que se encuentra en la naturaleza. Por ejemplo, el agua, las plantas, los animales, la arena y las rocas son recursos naturales. La ropa que usamos, el papel donde escribimos, los muebles donde nos sentamos y los carros que conducimos están hechos con recursos naturales. De hecho, muchas de las cosas que usamos nacieron en la naturaleza. ¡Y muchas, de manera inesperada!

Los árboles son muy importantes. Mantienen limpio el aire y cuidan la salud de nuestro planeta. Muchos animales necesitan árboles para sobrevivir. Además, los árboles son importantes porque de ellos sacamos madera. ¡Y necesitamos madera para fabricar cosas!

Texto informativo
¿Qué te enseña esta foto acerca de la manera en que los árboles se convierten en madera?

vm/E+/Getty Images

Muchas cosas se hacen con madera. El papel, algunos juguetes, muebles y ciertos tipos de casas son solo algunas de las cosas que usamos todos los días y que están hechas de madera. Averigüemos más acerca de cómo se hace la madera.

Primero, unos trabajadores llamados *leñadores* cortan un árbol alto. "¡Fuera abajooooo!", gritan cuando el árbol cae. Así avisan a los demás que deben apartarse para no lastimarse.

Luego, arrastran el árbol a un lugar despejado. Después, cortan las hojas y las ramas, y queda solo el tronco. Cuando ya tienen varios troncos, los cargan en un camión.

Los troncos se llevan a un **aserradero**. Allí, una máquina les quita la corteza y los deja lisos. Luego, otra máquina enorme corta los troncos en tablas de distinto tamaño. Por último, un camión lleva la madera al almacén, donde los clientes pueden comprarla.

¿Y qué pueden hacer los clientes con la madera que compran? Pueden hacer una hermosa silla... ¡o quizá una casita en el árbol!

aserradero: lugar donde se corta madera

Estructura del texto: secuencia

Pensar en voz alta

Pensar en la secuencia, es decir, en el orden en el que suceden las cosas, nos sirve para entender mejor un texto. Palabras como primero, luego *y* por último *indican la secuencia. Aquí vemos cómo los árboles se convierten en madera. En el texto se dice que primero los leñadores cortan un árbol alto. Voy a prestar atención para ver qué sucede después.*

3

Otro importante recurso natural es el metal. Hay muchos tipos de metal, como el oro, la plata, el estaño, el cobre y el hierro. El metal es un material fuerte. Es útil para hacer cosas como puentes y edificios. También sirve para hacer herramientas, como martillos y clavos.

Todos los días usamos cosas de metal. El tenedor con el que comemos seguramente está hecho de metal. ¿Tienen camiones de juguete o les dan comida enlatada a sus mascotas? Es probable que el camión y la lata estén hechos de metal. Al igual que la madera, el metal viene de la naturaleza. Veamos cómo se obtiene.

¡A cavar! Una máquina muy grande hace hoyos en la tierra y cava hasta encontrar el metal. La mayoría de los metales están unidos a ciertos tipos de rocas. Por lo general, esas rocas están en la **profundidad** de la tierra. Primero, hay que escoger una zona donde haya muchas de esas rocas especiales. Se usan máquinas para cavar un túnel largo que se llama *mina*. Luego, los trabajadores, llamados *mineros*, entran al túnel y cavan para hallar las rocas que **contienen** metales. Luego, cargan las rocas en carros especiales y las llevan hasta la superficie.

profundidad: parte honda

contienen: tienen

Secuencia
¿Qué es lo primero que debe hacerse para obtener metal?

Después de eso, hay que romper las rocas. A veces, se usan productos químicos para sacar el metal de las rocas. A veces se lavan o se calientan los metales para sacar pedacitos de tierra o rocas. Es necesario asegurarse de que los metales sean **puros**.

Luego, los metales se usan para hacer todo tipo de cosas. Si es algo muy grande, como vigas para un edificio, el metal se enviará a una gran fábrica. Pero las cosas pequeñas, como anillos o tazones, las trabajan artesanos llamados *orfebres*. Los orfebres dan forma al metal con calor y herramientas especiales. Miren a su alrededor. ¿Qué cosas hechas de metal pueden ver?

Somos muy **afortunados** de tener tantos recursos naturales en nuestro planeta. Los recursos naturales son el regalo de la naturaleza a los seres humanos. Y siempre que los usemos de manera responsable, podremos contar con las cosas hechas por la naturaleza durante mucho, mucho tiempo.

4

Volver a leer

Pensar en voz alta

Recuerden que, si no entendemos algo, podemos volver a leer. Me pregunto por qué es necesario sacar el metal de las rocas. Voy a volver a leer la parte anterior. Veo que allí el texto dice que la mayoría de los metales se encuentran en ciertos tipos de rocas. Ahora entiendo mejor.

Volver a leer

¿Qué recursos naturales debemos proteger? Vayamos a la primera parte de la selección y volvamos a leer para comprenderlo.

puros: muy limpios

afortunados: con buena suerte

Lutai Razvan/EyeEm/EyeEm Premium/Getty Images

¡Cuidemos el agua!

Los patos chapotean en ella. Los elefantes se la echan en chorritos. La gente la bebe de un trago los días de calor. ¿Qué es? ¡El agua! Todos los seres vivos **consumen** agua. Todos, desde las diminutas plantas hasta las enormes ballenas, necesitan agua para vivir.

Su familia también usa mucha agua todos los días. Además de beberla, la gente usa el agua para bañarse, para cocinar, para limpiar, para cultivar alimentos y para apagar incendios. Y también para divertirse nadando, patinando sobre hielo o **navegando**.

El agua es uno de nuestros recursos naturales más valiosos. Un recurso natural es algo que existe en la naturaleza y que usa la gente. Averigüemos más sobre el agua y por qué es importante cuidarla.

Texto informativo
¿Qué detalles nos muestran cómo usan el agua las personas y los animales?

Tema principal y detalles clave

Pensar en voz alta

Al leer, a menudo resulta útil pensar en el tema principal, es decir, en aquello de lo que trata la selección. Aquí leo esta oración: "Averigüemos más sobre el agua y por qué es importante cuidarla". Ahora comprendo que esto es de lo que trata principalmente el texto. Durante la lectura, busquemos detalles clave que muestren cómo proteger el agua.

consumen: usan

navegando: yendo por el agua en barco

1

2

¿Sabían que el agua ocupa la mayor parte de la **superficie** de nuestro planeta? Miren la imagen de la Tierra. ¿Ven la parte azul? Todo eso es agua.

Casi toda el agua de la Tierra está en los mares y océanos. Las personas y la mayor parte de los animales y de las plantas no pueden beber el agua de mar porque es demasiado salada. Una pequeña parte del agua del planeta está congelada formando capas de hielo en el Polo Norte y el Polo Sur, así que tampoco podemos usar esa agua.

El agua de la Tierra que queda para la gente y otros seres vivos es muy poquita, y parte de esa agua está muy sucia como para que se la pueda beber.

Esa poca agua que tenemos nos alcanza para vivir, pero debemos cuidarla muy bien.

¿Cómo lo hacemos?

superficie: parte de arriba

Volver a leer

Pensar en voz alta

Leo que el agua de la Tierra que se puede consumir es muy poquita. No estoy seguro de entender por qué. Vamos a volver a leer la parte anterior del texto para comprender la idea. Cuando vuelvo a leer, en el texto se dice que el agua de mar es demasiado salada y no se puede beber. Eso lo explica. Cuando encontremos algo que no comprendemos durante la lectura. hagamos una pausa para volver a leer.

CoraMax/Shutterstock.com

3

sumistro: cantidad
disponible de algo

Hay muchas maneras de cuidar el **suministro** de agua.
Podemos ahorrar mucha agua por día solo con hacer estas
tres simples cosas:

1. Cuando se laven las manos, mójenselas y luego cierren el
   grifo. Refriéguense las manos con jabón y luego vuelvan a
   abrir el grifo para enjuagarlas.

2. No dejen el grifo abierto mientras se cepillan los dientes
   o se lavan la cara.

3. Cuando cierren el grifo, asegúrense de que no gotea.
   Si ven que gotea, avísenle enseguida a un adulto. ¡Con
   cada gota que cae se gasta muchísima agua!

Hay otras cosas que podemos hacer para ahorrar agua.
¿Cómo creen que se gasta menos agua: con una ducha o
con un baño de tina? Si su respuesta fue con una ducha,
¡adivinaron! Una forma de ahorrar agua es tomar una ducha
de cinco minutos en lugar de darse un baño de tina. Así se
ahorran muchos galones de agua.

**Tema principal y
detalles clave**

*¿Qué cosas podemos
hacer para ahorrar
agua?*

Otra forma de cuidar el agua es guardar la que se usa para preparar alimentos y para lavar frutas y verduras. Esta agua se puede usar para regar las plantas del jardín.

Y cuando tengan sed... si les gusta el agua fría, no hagan correr el agua del grifo esperando que el agua se enfríe. Llenen una jarra con agua y pónganla en el refrigerador.

Todos los seres vivos necesitan agua para sobrevivir. Debemos cuidarla para que nunca nos falte.

Ahora ya conocen muchas maneras de **conservar** este valioso recurso natural. Pueden comentarles a sus amigos y a su familia estos consejos para ahorrar agua. Díganles que debemos compartir el agua de la Tierra con todas las criaturas vivas. ¡Recuérdenles que depende de todos nosotros cuidar el agua!

conservar: cuidar

Volver a leer
¿Por qué es importante cuidar el agua? Volvamos a leer el comienzo del texto para recordarlo.